7843

Réserve
p. Ye. 136.

Sopet en francoys
Auec les Fables de
Auian delphonce. Et de poge florentin

ESOPVS

ESOPVS

¶ Cy cõmêce le liure des sub
tilles hystoires et fables de Eso
pe trãslatees de latin en francops
Et aussi dautan et de alphonce. z
aucunes ioyeuses de poge floren
tin lequel a este translate de latin
en francoys par reuerend docteur
en theologie frere Julien des au
gustins de lyon

Or commence la vie de eso
pe laqlle fut toute de fortu
ne combien quil fust subtil et saige
natif de grece prestrope la grãde
dune ville appellee ameno Entre
tous les hommes il estoit diffor
me Car il auoit vne grosse teste/
grãt visaige/lõgues ioues peup
agutz/le col brief et bossu Grosse
pance a grosses iambes et larges
piedz. z qui pis est il estoit si tres
brief quil ne scauoit parler. Tou
tesfois il auoit grant haultesse. z
si estoit grandement et fort subtil
et iugenieux en cauillations z pa
rolles ioyeuses

¶ La .i. hystoire fait mention cõment esope se excusa de ce quõ
luy auoit impose quil auoit menge les figues de son seigneur

T porce
q son mai
stre lecut
doit inutille sen
uoya labouter
aux chãps et vn
iour sõ seigneur
vit aux chãps z
son labouteur si
luy amassa des
figues: z les luy
presenta en luy di
sant Monseignr
vueilles prẽdre
z emporter d tes
premiers fruictz
de tes champs. Et adoncques le
seigneur ioyeusement les print en
disant a sõ seruiteur lequel auoit
nom agatophus que il print peel
les figues z quil les gardast bien
iusques a ce quil fust retourne du
baig Et y cestuy mesmes iour ad
uint que esope venant de labou
tet demanda a menger ainsi quil
auoit acoustume. Et agatophus
qui gardoit les figues en mãgea
deux et puis dist a vng de ses cõ
paignons. Se ie ne doubtoye mõ
maistre ie mengeroye toutes les
figues Et lors son compaignon
luy respondict. Se tu veulx que

A.ii.

le mège auec toy ie trouueray sub
tilite que nous ne soufferrōs poit
de mal. Et cōment se pourra cecy
faire ce dist agatopbus z sō cōm
paignon luy dist. Quant monseī
gneur sera venu nous dirons que
esope les a mēgees/z pource quil
ne sceet parler il ne se sceaura reuen
cher et si sera tresbiē batu z acom
plirons nostre desir Et ces choses
composees entre eulx vōt toutes
les figues menger/en disant etre
eulx ce villain esope sera biē frot
te. Et quant le seigneur retourna
du baing il demanda les figues z
agatopbus luy dist monseigneur
quant esope est venu du labourai
ge il a trouue le cellier ouuert z si
est entre dedās sans raison et si a
mēge toutes les figues Le seignr
fut moult courrouce et dist. Apel
les moy esope. Et quant il fut ve
nu il luy dist Seruiteur cōtrefait
tu nas point eu de peur de menger
mes figues Lesquelles choses ou
yres esope eut peur pource quil ne
sçauoyt parler en regardant ses
accuseurs Le seigneur commāda
a le despouiller Adonc il se va iet
ter es piedz de son seigneur et ainsi
quil preult luy pria de donner teps
pour soy excuser z le seignr le fist
Apres esope print vng vaisseau
plain deaue chaude z en prendit le
au la mist en vn bassi z si la beut
tātost apres il mist ses dois en sa
bouche et getta seullemēt de leau
car celluy tout il nauoit gouste q

taine et pria que ses accuseurs sē
blablement beussent aussi de celle
eaue cōme luy Et quāt ilz eutēt
beu ilz tenoyent leur main deuāt
leur bouche affin quilz ne peussēt
nullement vomir: et pource que
lestomac estoit resolu dicelle eaue
ilz getterent ladicte eaue et les fi
gues ensemble. Lors le seignr en
les regardant leur va dire: pour
quoy mauez vous mēty contre
cestuy qui ne sçait parler: lors les
cōmanda despouiller z publicque
ment fouetter disant que quicōc
ques telle chose feroit a autruy de
telle peine seroit pugny Et celles
choses faictes esope sen retourna
a son labouraige. et ainsi quil la
bouroit es champs vint vng pre
stre qui auoit nō isidis qui alloit
en vne ville et si auoit perdu son
chemin/et voyant esope luy pria
quil luy monstrast la voye pour
aller a sa cite Et esope le print par
la main et le fist seoir soubz vng
figuier et luy vd mettre deuāt luy
du pain et des herbes en luy priāt
quil mengeast/et tira de leaue du
puys et luy dōna a boire et quant
il eut beu et menge, il le print par
la mai z le mist en la droicte voye
pour aller en sa cite laquelle chose
faicte le prestre leua les mains au
ciel en priāt dieu pour esope.

¶ La seconde hystoire cōm
ment la deesse de hospitalite don
na le don de la langue a esope z cō
ment il fut vendu

Quant esope retourna au la
bourage et il eut bie laboul
re tout le lög du iour/¢ auffi pour
euiter la chaleur du foleil comme
il eſt de couſtume en fōbre fen ſa
dozmir et repoſer. Adonc la deeſſe
de hoſpitalite ſi ſe apparut a luy/
et luy donna le don de ſapience ce
le don de langue et auſſi de pluſi
eurs fables et mencions. comme
a celuy qui eſtoit bien deuot a ho
ſpitalite Et apres ñ eſope fut eſ
ueille commeça a dire en ſoy meſ
mes. Jay fait Vng treſbeau ſöge
Car ſans aulcun empeſchemēt ie
parle bien/ Et ſi toutes les choſes
que ie Voy ie les appelle par leur
nom/ comme Vng tateau/et Vne
fourche Vng beuf/ Pareillement
des autres Et ceſte congnoiſſan
ce ſi meſt treſſubitement Venue/
pour la grāt pitie que iay eue des
poures de dieu/laǧle il a eue treſ
agreable/ car celuy qui fait bien
doit auptr bonne eſperance de bie
auoir/ et pource ie laboure tay cō
me deuāt Et ainſi comme il com
menca a labourer Va Venir celuy
qui auoit toute ſa cure du champ
pour labourer et cōmenca a batre
fort Vng des laboureurs/ et eſo pe
luy diſt. Pourquoy bas tu ceſtuy
cy pour neant ¢ toutes les heures
nous Vies batre ſans cauſe ¢ toy
meſmes ne fais riens Je le diray
a monſeigneur. Et quant il ouyt
que eſope parloit contre lui il diſt
en luy meſ:nes. Je pray deuāt aſ

ſin que ce contrefait ne me blaſme
a monſeigneur et ñ ie ne ſoye deſ
poſe de mon office et tātoſt apres
monta ſur ſon mulet et ſe alla en
la cite dire a ſon ſeigneur. Mon
ſeigneur ie Vous ſalue Et le ſei
gneur luy diſt pourquoy Vies tu
ainſi trouble. Et il luy deiſt. En
ton champ Vne choſe monſtreuſe
eſt aduenue. Et quoy diſt le Sei
gñt les arbres ont ilz porte leurs
fruitz contre nature. Et il luy reſ
pondit non monſeigneur maie ce
luy contrefaict eſope a commence
a parler bñ clerement Et bien diſt
le ſeigneur Cecy me ſemble eſtre
choſe monſtreuſe. Ceſt mon diſt
zenas/ ¢ le ſeigneur Va dist Nous
Voyons que pluſieurs gens que
quāt ilz ſe courrouſſent ne peuent
parler et quāt ilz ſont en paix/ ilz
ſcauent parler toutes choſes/ et il
diſt Monſeigneur ſur toutes cho
ſes du mōde il ſcet p’er/ et ma dit
contumelieux blaſmes et Villeni
nies de toy et de tes dieux et le ſei
gneur tout trouble Va diſt. zenas
Va aux chāps et ce ñ tu en Voul
dras faire faitz ou batz ou le Ves
ou donne car ie le te dōne. Et ze
nas en prit lettres ¢ puis Vit aux
champs et diſt a eſope/ oi mainte
nant es tu a moy et en ma puiſſā
ce/ car monſeigñr ta donne a moy
pource que tu es Vng grant lau
gart et pource ie te Vueil Vendre
Adoncquer par fortune Vint Vnz

Æ.iiii.

marchāt qui auoit achate des ser/
uiteurs aup champs/et Voulloit
achater des Bestes pour faire por/
ter sa marchādise a epheze/lequel
Va rencontrer zenas et lup demā
da sil auoit nulles Bestes a Vendre
Je nap nulles Bestes/mais ie ap
Vng seruiteur qui nest pas beau/
mais il est de Bon aage Lequel ie
Vous Vendrap se le Voulez ache
ter Et le marchāt lup dist quil le
Voulloit Veoir Adonques zenas
lui monstra esoppe Et quant il le
Vit si lait il dist. Dōt est Venu ce
tupin et ceste trompette de trage
reurs Sil nauoit point de Voir ie
ditoye que ce seroit Vne Bouteille
plaine de Vent Tu te deuoys bien
quācer pour me monstrer Vne si
Belle piece de marchandise/et lors
sen retourna a son chemin. ze esop
pe le suiuit et lup dist/demeure cp
Vng peu. Le marchant respondit
Laisse moy Villain car nul prouf
fit ne penso tu auoit de moy. Car
se il te achaptope ie seroye appel
le le marchant de follie Et esoppe
lup dist pourquoy es tu doncques
icp Venu/et il lup respondit pour
achapter quelq Belle chose / mais
tu es trop contrefaict Et nap que
faire de telle matchandise/et esop
pe lui dist Se tu macheptes tu np
perdras rien. Et le marchant lup
demanda pourquoy ze dequoy me
seruiras tu/et esope lup dist/ya il
point en ta maison/ne en ta Ville
de petis infans qui ne facent que
crier et courir Achepte moy et te se
rap leur maistre car ilz me doubte
tont comme Vng fan.p Visaige.
Et le marchant sourialle par les
parolles desope Incontinent sen
retourna a zenas demādant com
biē me coustera celle tresgratieu/
se marchādise Et zenas lup dist il
Vo9 coustera trēte liures ou trois
mailles Car ie scap que nul ne la
cheptera et tout incōtinent le mar
chant sen Va paper zenas tant ql
fut assez tresBien content de lup/ze
esoppe sen retourna auecques son
maistre a sa cite. Et quant ilz fu
rent arriuez en sa maison ilz trou
uerent deup petis enfans au girō
de leur mere/ze tout incontinent q
ces deup petis enfans Virent Ve
nir esoppe/incontinent ilz cōmen
cerēt a crier eurent si grant peur
que ilz sen allerent cacher soubz le
lict de leur mere Adonc esope com
menca a dire As tu experience de
ce que ie tap promis. Car tout in
continent q ces deup enfans mōt
Veu ilz ont este tant espouentez q
on ne les peult asseurer et le mar
chant Va dire a esope. entre dedās
et salue la compaignie/ze esope en
tra dedans et Vit ses cōpaignons
Beaulp et plaisans lesquelz saluta
en disant. Je Vous salue mes cō
paignons Quant ilz Virent esop
pe ilz dirent tous ensemble Nous
aurons Vng Beau personnatge/q
Veult faire nostre Maistre qui a
achapte Vng homme si difforme.

Le seigneur leur respôdit:pource
que ie nay t ouue nulles bestes
pour vo° apder Jay achepte ce ga
lât pour vous ayder a porter ma
voiture demai & toute mô autre
niarchâdose.car demai il fault al
ler a ephese & ilz diuiserêt les char
ges entre eulp pour les porter & e
sope leur dist. Côpaignons ainsy
q̃ vous voyez que ie suis foyble
donnez moy legiere partie & ilz di

eent.pource que tu ne vaulp riês
ne porte riês Lors esope dist pour
ce q̃ vous labourez tous il ne con
uient pas que ie soye seul inutille
a monseigneur.
¶ La.iiii.histoire comme esope
demanda la plus legiere charge a
ses compaignons pour porter. et
il print la plus pesante a leur ad
uis et la plus lourde a porter/et a
la fin la plus legiere

A Donc̃qs
dirent ses
côpaignôs:por
tes ce q̃ tu voul
dras esope regar
dât les charges
q̃lz debuoient por
ter.cest assauoir
panier & sacz va
prendre platy pa
nier ð pain que
deup voulloiêt
porter et leur dist
Dz me baillez
dôcqs cestuy cy &
lors dirent entre

eulp.Nu y nest si fort que cestuy
homme.Car il a prins le plus pe
sant fardeau,cupdant prendre le
plus legier/& ainsi quil portoit le
panier plain de pain il cheminoit
plus que les autres:et ainsi quilz
le regardoyent dirent entre eulp.
Nostre maistre na pas perdu son
argent car il porte bien pesant E &
ainsi ilz se mocquoyent de luy eso
pe vint a passer vne montaigne:
et se trouua se premier au logis &

quant les aultres furêt au logis
leur maistre leur commanda a mê
ger et dist a esope quil donnast du
pain a ses compaignons Et adôc
ques esope donna tant de pain a
ses compaignons que son panier
fut a demy vuyde Et quât ilz fu
rêt leurz Pource que esope estoit
desia pres que la plus part deschar
ge Il vint beaucoup plus tost a
lhostelerie que ne firêt pas les au
tres compaignons. Et quant ilz
A.iiii.

furent a foupper il donna tant de
pati a fes compaignõs q̃ le pani/
er fut vuide z lendemain quãt ilz
cheminoyent pource que le pãnier
eftoit vuide il cheminoit plus fort
que les autres et alloit fi loing q̃
on ne le congnoiffoit et ne cuydoi
ent pas que ce fuft efope et lung
va dire Ne voyes vous pas que
ceft ce boffu contrefait qui nous a
tromp̃es/car nous portõs les char
ges qui ne font pas confommees
en cheminãt mais fa charge a efte
en chemin vuidee z ainfi il eft pl'
caufe que no'ne fommes trefto'
Et võt arriuer a ephefe Et le mar
chãt porta fa marchãdife au mar
che et vendit fes trois feruiteurs
lung auoit nom gramaticus/lau
tre faltes et efoppe. Et vng mar
chãt luy va dire/fe tu maines tes
feruiteurs a Samie tu les ven

dras bien: car il ya vng philofo/
phe qui eft appelle pãtius auquel
font plufieurs gens pour appren
dre lefq̃lles chofes dictes naga a
famie: z apres fift bien abiller fol
tes z grammaticus de robes neuf
ues et les mena au marche pour
vendre: mais pource que efope ef
toit fait le veftit de bourre z puis
le eftablit au meillieu des deux q̃
eftoient beaux/mais ceulx qui re
gardoient efope pource que il ef
toit tant difforme eftoient tous ef
bahis et difoyent dont eft venu ce
monftre on la amene icy deuant
pour nous truffer/z pour ce que il
fcauoit bien quõ fe truffoit d luy
dune grant hardieffe to'les regar
doit de trauers.

¶ Ca.iii.hyftoire de la fecõd
de vendition de efope

Quãt pãtus
fi prit de fa
maifõ il fe alla au
marche et en allãt
deca z dela il va re
garder ces deux en
fãs et au meillieu
de culx il vit efope
dõt il fefbahit tref
fort de limprudéce
du marchant et de
mãda a fiij deulx
De q̃l pays es tu
et il luy refpõdit fi
re ie fuis d capado
ce Et pãt' luy va

dire que scais tu faire et il luy res
pondit ie scay faire ce que tu voul
dras. Laquelle response ouye eso
pe commenca fort a rire, et to⁹ les
escoliers qui estoient auec pantus
regardant esope ainsi rire et en ri
ant monstroit ses grás détz leur
sembloit a veoir vng monstre et
vont dire tous ensemble Le gráu
pensoit a grans détz que a il veu
pourquoy il rit si fort et lautre dist
il a gráu froit aux détz il lui fault
demander pourquoy il rit. Adonc
lung deulx demanda a esope gen
til gallant pourquoy as tu ris et
esope respóudit Babouyn quel nial
esse allez au gibet Et lescolier fut
tout honteux et sen alla. Et pan
tus dist au marchant que me cou
stera saltes: et le marchant si luy
respóudit qui luy constoit mil¹e
deniers Et pátus estimoit le prix
estre trop grant et se alla a lautre
et luy demáuda dont il estoit Et il
luy dist quil estoit de lybie et pan
tus luy demanda que scais tu fai
re: et il luy respondit Tout ce que
tu cuydes: laquelle chose ouye eso
pe se print a rire, et adóc les escol
liers dirent. Cestuy cy rit a tous
propos et puis lung dist a lautre
De tu veulx estre scandalisay de
mande pourquoy il rit et puis pá
tus demanda au marcháut que me
coustera grammaticus et le mar
chant luy dist trois mille deniers
Laquelle chose ouye pá⁹us ne res
pondit riens et sen alla et adóc les

escoliers vont dire a pantus mai
stre to⁹ ses seruiteurs icy ne te plai
sent point et pantus leur dist. Sy
sont bien mais il est ordóne en no
stre cite que vng seruiteur ne peut
pas estre tant achapté Celluy qui
si chet lachepteroit gráude peine en
porteroit: et vng escolier luy va di
re Puis q̃ les beaulx tu ne peulx
achepter au moins achepte celluy
qui est pl⁹ difforme du monde car
certainemét il te fera quelque ser
uice et le prix nous payerós, et pá
tus dist se seroit chose bien lourde
car ma femme est sy précieuse q̃l
le ne pourroit estre seruie dung tel
seru eurs: les escoliers dirent tu
as plusieurs affaires dquoy ta fé
me ne te contredira point, et pan
tus dist: demandós premieremét
quil scait faire affi que ne perdós
nostre argent. Si retourna a eso
pe et luy dist dieu te gard, et esope
dist Ie te prie que ne me molestes
point, et pantus luy dist ie te salue
esope luy dist si fais ie toy et pát⁹
luy dist delaisse molestes et respó
bes a ce que ie demáude Qui es tu
et esope dist ie suis d² chait et de os
pant⁹ dist ie ne te demande pas ce
la Du fus tu engendre, Et esope
luy respoud a i ventre de ma mere
et pantus dist t² ne te demáude pas
cela Dy moy ie te prie a ceste fois
ou tu fus ne, et esope luy dist Ma
mere ne ma pas assure en q̃l lieu
elle ma enfanté en la chambre ou
en la salle. Et pantus luy dist Ie

te prie q̃ tu me dꝯes que tu scaꝭs
faire. Riens diſt eſope. Et pãtus
diſt. Comment riens/z eſope luy
diſt pource q̃ treſtous mes com
paignons ſcauẽt tout faire ilz ne
mont riẽs loiſſe que ie ſaiche fai
te/dont les eſcolliers furẽt moult
foꝛt eſbahis en diſant pour la dꝭ
uine prouidence il a bien reſpõdu
car on ne ſcauroit nul trouuer q̃
ſaiche tout faire. Pour laquelle
choſe eſope ſe print a rire. Et pan
tus luy diſt Se tu veulx que ie te
achepte dy le moy/z eſope luy diſt
en top eſt Mais ſe tu me veulx a
chepter ouure ta bourſe et compte
largent ſynon compts le marche.
Adoncques tous les eſcolliers di
rent entre eulx. Certainement ce
ſtuy cy ſurmonte noſtre maiſtre.
Et adoncques pantus luy va di
re en ceſte maniere Se ie tachepte
ten fuyras tu. et adoncques eſope
luy diſt ſe ie men vouloye fuyr ie
ne te conſeilleroye as que tu ma
cheptaſſes Adoncques xãtus luy
diſt tu par es bien mais tu es trop
lait z difforme Et eſoppe luy diſt
Lon ne doibt poit regarder la for
me du corps de lhõme mais ſeul
lement la penſee de ſon couraige.
Et adoncques diſt pãtus au mar
chant/que me couſtera ceſtuy cy.
Et le marchant luy reſpõdit Tu
es bien fol marchãt Et pourquoy
le dis tu diſt xantus: z il luy diſt.
Pource que tu laiſſes bons ſer
uiteurs z pꝛes celuy qui ne vault

riens. Piens lung de ces deux cy
et laiſſe aller ceſtuy boſſu. Et pã
tus luy diſt Ie te prie q̃ tu me dy
es combien ceſtuy me couſtera: et
il diſt lx. deniers Et les eſcolliers
vont compter le prix au marchãt
et ainſi fut eſope ſeruiteur de pã
tus Et ainſi que les banquiers re
cepuoient largent de ceſte venditi
on ilz demanderẽt qui eſtoit ache
pteur et qui eſtoit vendeur Mais
pantus et ſon marchãt compoſoi
Et entre eulx q̃l nauoit pas tãt eſte
vendu et eſoppe va dire aux ban
quiers/ceſtuy c ſt q̃ ma achepte et
laultre ma vendu. z ſuis ie veulẽt
nyer ie dis que ie ſuis franc Loꝛs
ilz commencerent a rire et receu
rent largent de pantus de la ven
dition eſope.

C La. v. hyſtoire commẽt pã
tus mena eſope en ſa maiſõ pour
le monſtrer a ſa femme

E N apꝛes chaſcun ſen re
tourna en ſõ lieu z eſo
pe ſuiuoye pãtus alldãt
a ſa maiſon z luſt que pantus de
minoie z piſſoit par le chemin eſo
pe le regardant le va pꝛendre par
la robe diſãt Mon maiſtre ſi toſt
tu ne me vens ie men fuiray. Et
pourquoy diſt pantus et il reſpon
dict. Pource que tu es grant ſei
gneur ſe nas nulle vergong ne de
ce q̃ ne dões repos a nature caren
alldãt z cheminãt tu piſſes z ſe ia
loye pour ton ſeruice ie vouldꝛoie

pnnger mon ve
tre a partus va
dit c. pour ce p
ne te troubles/c
entés a ce que ie
te diray po° eui
ter trop doma
ges te pisse. pre
mierement affin
que la chaleur
du soleil ne me
blessast se ie me
fisse peu arreste
pour binet la
seconde que mo
bise ne blessast

mes piedz la tierce est pour cul
ter la puanteur de lorine: ces trois
dommaiges lay euitez et esope
dist/ie suis contant de la response
et ainsi quilz furent en la maison
partus dist a esope demeure vn
peu arriere affin q̃ te aille deuat
pour toy louer a ta maistresse/ et
bien se dist esope. et partus entra
en la maison et dist a sa femme.
vous naurez plus debat a moy/
car iay tousiours desire a vo° bail
ler vng beau seruiteur pourquoy ien
ay achepte vng q est si saige et si
plaisant que iamais tu neu vis
vng si beau et quant les seruan
tes ouyrent ce dirent cuidant que
ce fust petite elles commencerent
a auoir contention ensemble lune
disoit/monseigneur ma achapte
vng beau mary/lautre disoit/iay
enuupt songe que iestoye mariee e
ainsi que les seruantes parloyent

encore/la dame va dire. monsei
gneur ou est ce compaignon que
vous loues ainsi/ie vo° prie que
le le voye et pan° dist il est deuat
la porte/et elle dist/ie vous prie e
supplie que lamenez/ et ainsi que
les seruantes auoyent debat lune
dicelles dist en soy mesmes. ie se
ray la premiere qui le verra et se
puis il sera mo mary/z ainsi quel
le yssoit hors de la maison va di
re/ou est ce beau filz que tant dist
re a droit adoncques dist esope
que demandes tu ie suis cestuy/et
quat elle dist esope de peur fut tou
te troublee et luy va dire/es tu le
beau paon ou est ta queue et eso
pe luy va dire et respodre/se tu as
indigence de queue tu nen auras
point de faulte et ainsi quil vou
loit entrer elle luy deist. ne entre
pas/car ceulx qui te verroyent si
sen fuiroyet et apres sen va a sea

côpaignes z leur dist ha quel mal
heureux allez le veoir/z quãt lau
tre fut dehors voyant ainsi diffor
me elle dist au paillart. quel var
let garde toy bien de me toucher.
Et ainsi que esope entra en la mai
son tantost se presenta a sa dame.
Et quant la dame le veit en tour
nant le visage va dire a pantus.
Pour ung seruiteur tu mas ame
ne maistre gecte le dehors. Adonc
pantus lui dist. ma femme tu dois
estre maintenãt bien ioyeuse pour
ce que ie tay amiene ung si beau z
si ioyeulx seruiteur. Adõc elle dist
a pantus. ie scay bien q tu ne may
mes nullement car tu desires auoir
vne aultre femme Et pource que
tu ne loses dire tu mas amene ce
gros paillart et villain affin que
de tumaison ie men voise pource
q tu scais bien q ie ne le pourroye
souffrir/et pource baille moy mõ
douaire et tantost ie men iray Et
pantus dist a esoppe quant nous
estiõs par chemin tu parloyes lar
gement z maintenãt tu ne dis riẽs
Et esope dist Ta femme est trop
malicieuse metz la en prison. Et
pãtus tespõdit a esope. Mais toy
que tu ne soyes bien frote/z esope
dit a sa maistresse ma dame ie te
prie q tu ne vueilles prẽdre mes
polles en mal/tu voudrois vng
seruiteur ieune fort et bien forme
pour te seruir au baing z te porter
en ta couche et frotter tes piedz et
non pas vng tel villain difforme

seruiteur comme moy

¶La.vi.histoire
At p les mignons tu voul
drois tenir monseigñr vil.
Et tupes le philosophe iamais ne
mẽtit et eut la bouche doree il dist
quil ya plusieurs perilz en la mer
et es aultres grans riuieres. Et
aussi pareillemẽt pource est grãt
charge et bien difficille a porter.
Et aussi sont plusieurs dangiers
infinis/mais il nest point de dan
gier qui soit pire que de la faulce
et mauuaise femme, et pource ma
dame ie te prie que tu ne preignes
plus seruiteur beau nt plaisãt af
fin que tu ne faces deshonneur a
ton seigneur/z elle luy dist Taten
taten paillart car tu nes pas tãt
seulemẽt difforme de corps mais
aussi de parolles quãt ainsi te fai
ctes de moy Mais ie tẽ payeray
bien car ie men iray. Adonc pan
tus dist a esoppe Ne vois tu pas
comme tu as appaise ta dame/et
esope luy dist. Ce nest pas legiere
chose dappaiser lire dune femme/
mais cest chose grieture. Adõc pan
tus luy dist/ne parle plus. Car
ie tay acheptay pour faire paix

¶La.vii.histoire comment
pantus mena esope au iardin
Pres ce pãtes va dire a eso
pe prens vng pannier. Et
viens auecques moy au iardin/
Et quant ilz y furent pantus dist
au iardinier bõne nous de tes her
bes/et le iardinier en couppa z les

baillaẽ esopꝛiet puis le iardinier
dist a ꝑātꝰ. Maistre ie te pꝛie que
tu demeures vng peu ley. Pour
quoy est ce que les herbes qui poi͂t
ne sont labourees croissẽt plꝰ tost
que celles qui sont curieusemẽt la
bour⁹es ꝑātꝰ dist que cestoit par
la diuine prouidence laquelle pro
duit toutes choses. Quant esope
ouyt la responce il commenca a ri
re et ꝑā:us luy dist te mocques tu
de moy:esope luy dist. Ie ne me
mocque poi͂t de toy/mais de celui
qui ta apꝛins la philosophie:quel
le solution as tu faicte que cecy vi
ent de la diuine prouidēce car vng
enfāt de cuisine eust bien faict tel
le respōct Et ꝑātꝰ luy dist fais
doncques la solutiō Et esope dist
Se tu me le commā de ie le feray
voulentiers et bien. Adonc ꝑātꝰ
va dire au iardinier. Il nappart
ent pas a cellup qui a a iuger des
choses difficilles de iuger des ru
stucques/mais tay vng seruiteur
qui te dōnera la solucion) de la
question. Le iardinier dist. vng
tel villain difforme scait il biē res
pondꝛe a telle question. Adonc le
iardinier dist a esope as tu cōgnoi
sance de telles choses Et esope luy
dist. Duy plus que tous les hom
mes du mōde Tu demandes poꝛ
quoy les herbes qui ne sont point
labourees croissent plus tost que
celles qui sōt labourees ã sentes
enten bien a ma responce Car tout
ainsi cō: la femme veufue qui a eu

intoy cecy et apporte le baſſin et eſope ſapporta Adonc pantus luy diſt. Dz Voy ie bien que tu es enfant et ignozãt et eſope luy diſt tu mas commãde que ie ne fuce que ce q̃ tu me commãderas et tu mas dit ſciemẽt apozte moy le baſſi et ie le tay apporte/adonc pantus diſt a ſes eſcoliers. Je nay pas achepte Vng ſeruiteur: mais mon maiſtre. Et apzes quil fut aſſis a table il diſt a eſope. De la lentille eſt cuytte ſi la nous apporte. Et pource que eſoppe nauoit mis cuite que Vng grain de lentille:il le tira hozs du pot et lapporta a ſon maiſtre et luy diſt. Regarde ſelle eſt bien cuytte. Adonc pantus tãſta des doyz et puis luy diſt. apozte nous les lentilles. Adonc eſope leur apozta le bzouet pource quil neÿ auoit mis que Vne. Et pãtus luy demãda ou ſont les lentilles que tu apoztes: et eſope luy deiſt Tu mauois dit que ie miſſe cuytte Vne lentille au noth ſingulier/ laqlle ie tay baillee et ne ay plus Adonc pantus ſi cuyda enragier: Apzes il ſen alla Vers Eſope et ſi luy diſt Dã incontinent achapter quatre piedz de poze a les mietz cuite pour ſ. ſtozer mes cõpaignons Adonc eſoppe les alla achepter et les miſt cuire.

Ca. Viii. hiſtoire comment pãtus Voulut tromper eſope.

Ouniment pantus cuidoyt tronuer ocaſion de batre ſõ

ſeruiteur eſope: pource que eſope auoit mis les quatre piedz bouillit pantus en tira Vng du pot pour le tromper. Et eſoppe regarda au pot et Vit quil ny en auoit plus q̃ trois et conſidera que ſõ ſeigneur lauoit fait et alla a leſtable τ couppa le pied a Vng pourceau qui la eſtoit et le miſt au pot τ pãt° doubtant q̃ eſope ne fiſt quelque farce remiſt lautre le plus ſecretement quil peut. Et quãt les piedz furẽt cuitz eſope les tira hozs du pot et en trouua cinq Quelſe cy diſt pãtus Vng poze a il cinq piedz Et eſope luy diſt: deux pozez quãtz piedz ont ilz pantus dit huit mais cy en a cinq Voirz diſt eſope noſtre poze qui eſt en bas nã a que trois Lozs diſt pantus a ſes amps ne Vous ay ie pas bien dit quil me fera enrager. Eſope reſpondit. Ne ſcais tu pas que toutes choſes qui ſont faictes et dictes oultre raiſon ne ſont pas licittes. Adonc pantus qui ne pouoit trouuer occaſion de le batre ſe teut et pozce le ſeruiteur fut plus ſaige que le maiſtre.

Ca. ix. hiſtoire cõment eſope pozta le preſent.

Et ainſi q̃ les eſcoliers paz loiẽt a pãtus ſunz des eſcliers appareilla Viãdes peteuſes pour ſoupper Et ainſi quilz ſouppoient pantus miſt des Viandes precieuſes en Vng plat et puis il diſt a eſope Poze cecy a celle qui plus maymie Et eſope diſt en ſoy

mesnies. Main
tenant est heure
de me venger de
ma maistresse et
luy dist/ pantus
ne ma pas com
mande de vous
bailler ce plat cy
mais a celle qui
plus layme. Et
adonc esope pre
senta le plat a la
viande a une pe
tite chienne et luy
dist. Monseigneur
tenuoye ce present. Adonc la fem
me de pantus se entra en sa cham
bre et commença a plourer Apres
esope sen retourna incontinant a
pantus lequel luy demanda com
ment se portoit samyr. Tresbien
monseigneur Elle a mengie toute
la viande Et pantus luy dist que
disoit elle. Riens monseigneur.
mais elle desire fort a vous veoir
Apres quilz eurent beu et menge
vont faire plusieurs questions en
semble entre lesquelles ung deman
da quant les hommes mortelz auroient
plus a faire Et esoppe respondit.
Ce sera au iour du iugement/ Et
tous oyant ceste response se prin
drent a rire disant. Le villain est
plain de responces Et ung denlz
demanda pourquoy est ce quant on
luy ne tuer sa brebis elle ensuite sō
maistre q̃ ne dit mot Et quant on
maine mener ung pourceau il ne fait
q̃ crier et braire/ et esope respondit

pource que a la brebis on a accou
stume de tirer son laict et de sa toi
dre et cuidant quon la vueille ti
rer ne craint point a y aller/ mais
pource que au pourceau nest pas
de coustume que de tirer son laict
ne de estre tondu mais de luy tirer
son sang et oster sa vie/ pource il
craint et doubte quant on le prent
Adoc tous ses escolliers vont di
re Doicy ung homme moult sai
ge et discret Et alors chas.il se le
ua et retournerent trestous a leur
maison. Ainsi que pantus fut re
tourne a sa maison il entra dedans
sa chambre/et y trouua sa femme
qui plouroit fort et luy deist. Ma
tresdoulce amye comment vous
va/puis la baisa Et elle luy dist
Laisse moy/ Car certainement ie
veulx bien que tu saiches que ie
nay plus faire maintenant de toy
Adonc luy dist pantus Helas ma
mye ie nay fait fors ce q̃ te plaist

Riens tiẽs iẽ mẽ Boys de la mai
ſoṇtu apmes pꝰus ta chienne que
nwoy a q̃ tu as euoye ſa precieuſe
Biãde et pource quil ne ſcauoit tĩ
ẽns de ceey lup demanda q̃ ſſe Biã
de ta aporte eſoꝑe Et eſſe lup diſt
Nuſſe. Et pantus lup diſt. Suis
te yure. Je tap enuoye par Eſoꝑe
Bꝛg pſat de Biande precieuſe. Et
eſſe diſt Non pas a moy / mais a
ta chienne Adonc pantus appeſſa
eſoꝑe et lup diſt. A qui as tu baiſ/
le ſa Biande que ie tap baiſſee Et
eſaꝑe reſpondit. A ceſſe qui tay me
ſe pſus ainſi que tu mas dit / adõc
pantus diſt a ſa femme. Mampe
tu Boys qͤ neſt que Bꝛg taiſſatt

et que Bꝛg inuentent de parolſes
et pource ayez patieñce car ie trou/
ueray maniere de Bous Binger ꝫ
de ſe Bien battre / eſſe lup diſt. Faiz
ce que tu Bouldras car ie nauray
pſus paroſſes a lup. Et pꝛens ta
chienne car ie mẽ Boys / et ſãs di
re a dieu ſe Ba a ſa maiſon de ſes
parēs ꝫ pource q̃ pantus fut cõt
touce de ſon aſſee ꝫ eſoꝑe lup diſt.
Maintenant tu Boys q̃ ta feme ne
tapme pas / mais ta chienne q̃ eſt
demontee, adonc pantus fiſt pꝛier
ſa femme de reuenir. Mais tant
pſus ſa pꝛioie et pꝰ oſtinee eſtoit
car pſus pꝛietez ſa femme / et tant
pſus fera ſe contraire.

⊂La .ꝑ. hiſtoire cõe eſope fiſt retourner ſa dâme en ſa maiſoṇ

Et pource
q̃ pantus
eſtoit mõſt cõt
touce de ſa fem/
me / eſope ſui Ba
dite ne ſoyes vℓ
courtouce / Car
ſãs pꝛier le ſa fe
ray reuenir. A
doncques eſope
ſen aſſa au mar
che ꝫ acheta cha
pons et pouſaiſ
les et en les por
tant ainſi qͤ paſ
ſoit ꝑ deuant ſa
maiſon ou ſa maiſtreſſe eſtoit Ad
uiſt que Bꝛg des ſeruiteurs pſſoit
õ lhoſtel ꝫ eſope lui demãda mas
tu tiens apporte des nopces a ma

dame Queſſes nopces diſt le ſer
uiteur des nopces de pantus Car
il eſpouſera demain femme Et le
ſeruite⁹ le Ba dire a ſa maiſtreſſe

Et incontinent elle sen Vint en la maison de pantus criāt. oz main tenant congnois se bien la Vertue mais ie ten engarderay Vten. Car tant que ie Viue tu nauras aūtre femme que moy Lors pātus fut ioyeulp de rauoir sa femme/et en sceut bon grê a esoppe

℣ La .xi. histoire cōment eso pe appare sĺa les langues

Et Vng peu de temps oprés pātus inuita ses escoliers a disner auecques luy. Et dist a eso pe quil allast acheter des meilleu res Viandes que il pourroit trou uer pour le disner Esoppe sē alla achapter des langues et les appa reilla tresbien/et les mist sur la ta ble/et les escoliers disoyent a pan tus . Ton disner est tout plain de philosophie Apres pantus deist a esoppe/apporte lautre Viande Et esope apozta des aultres langues appareillees en aultre maniere. Cestassauoit auec des aulp ℣ des porelz/et les escolliers dirent/ces languis sont tresbien aparellees car lune āgmsera lautre. Et pan tus dist a esope/aporte lautre Viā de, et de rechef apporta dautres lā gues Adoncques les escoliers s lui dirent Nous Verrōs tu tousiours donner langues a menger. et pan tus courrouce en sō couraige dist a esope/quelles autres Viādres as tu appareillees Et esope respon dit certes nulles autres/et pātus luy dist Ha grosse teste ne sauois

se pas dict que tu acheptasses des meilleures Viādes que tu trouue roys. Aussi ay ie dist esoppe ℣ ies graces aulp dieulp que icy a hom me philosophe. Car ie Vouldroye bien scauoir de toy quelle Viande est meilleure que la langue. Car certainement toute doctrine ℣ phi losophie sont natiffiez par la lan gue. Adonc les escolliers dirent a pantus/ne ten Vueilles courrou cer car esope a bien dict Aps ces pa rolles dictes se leuerent de table ℣ lendemain pantus se Voulant ex cuser de ce petit preset dist a ses es coliers Vo⁹ ne fustes pas bien bie aises ℣ ne fut pas ma faute mais celle de la grosse teste mais Venez auiourdhuy ℣ nous aurōs aultre Viande Lors dist a esoppe Va ten au marche et de la pire Viāde que tu pourras siner achepte la . Car ces seigneurs doyuēt souper auec moy/esope sen alla a la boucherie et de rechie/achepta des lāgues ℣ les apareilla cōe deuāt/℣ quāt ilz furēt au souper assis pantus dist a esope/apporte a menger et cōme deuāt apporta des langues et les escoliers dirent no⁹ sommes reue nus es langues comme deuant ℣ pource ℣ les escoliers estoyēt inde gnes/pantus dist a esope ie ne ta uoye pas dit ℣ tu acheptasses Viā des precieuses mais d la pire que tu po⁹eoys trouuer/aussi ay ie dist esope quelle chose est ce ℣ est pire ne plus puanie ℣ est la malle lāgue

B.i.

Car par la lãgue les hõmes sont peritz et par elle tiēnēt a pourete Adõc sung desditz discumbes, dist a pātus De tu mectz tõ propos a ce fol/il te gettera hors de tõ bõ sens/car il mõstre bien a sa forme destre mauuais/car ainsi quil est difforme du corps / et aussi est il du couralge/et esoppe dist Sans

doubte tu es mauuais/car tu st mules le sēg neuf cõtre le servi teur et cuides tu estre plº curieup que les autres Et pantus pour a uoir cause de batre esoppe luy dist pource que tu appelles le philoso phe curieulp/Va me cercher ung hõme qui nait cure de riē Cest assauoir quil soit incurieup

La .vii. histoire.

Adõc eso pe se alla en la place ou il trouua ũg Vil lan assiz sur ũne piece de bois/au ql il dit/monsei gñr te prie q̃ vi ennes disner a uec luy/il le fist incõtinēt q̃ sans dire mot se alla asseoit a table, adõc pātº dist a esope Quel hõe est ce cy Ung hõ

me qui na cure de riē Adonc pan tus dist a sa femme a voix basse Affin q̃ nous nous puissions met tulp venger de esoppe et le battre fois ce que ie te diray, Adone dist il a haulte voix Ma dame mettez de leaue au bassin pour lauer les piedz a ce pellerin. Car il pensoit que le Villain par vergongne sen fouyroit/et que esoppe seroit batu de la dame/et ainsi que pantus la uolt cõmande cõquerica a lauer

les piedz au Villain i̅ sõdit et sceust que cestoit la dame il disoit a soy mesmes/cestui seigneur me veult faire honneur et ainsi se laiss sa lauer les piedz sans dire mot et pantus dist a sa fẽme Dõnez luy a boire q̃ disoit en soy mesmes Il est bien raison que ie boiue le pre mier et print la tasse q̃ beut Et pan tus print ung plat de poisson q̃ le mist deuant luy et le Villain cõmenca a manger Et pātus dist au

cuisinier Et poisson nest pas bien
appareille et commanda a depouil
ler le cuisinier et le batre bien Et
le cuisinier si dist A grant tort ie
suis batu mais il ne mien chault
pourquoy quil en soit Apres pan
tus dist au boulenger. Apporte la
tarte ce quil fist Le villain la depes
sa sans dire mot et commenca a man
ger/et pantus le regardant appel
la le boulengier et luy dist Ceste
tarte est tresmal cuitte Et il dist
Se ie lay faicte elle est bien appa
reillee et celle nest des miennes ce
nest pas ma coulpe/mais celle de
ta femme Et pantus luy dist Se
ma femme la faicte ie la feray brus
ler Et adonc il deist a lung de ces
varletz. Va la querir. et a esoppe
il deist Prens ma femme et la va
brusler. Et toutes ses choses fai
soit pantus pour veoir se le vil
lain se leueroit pour la garder de
brusler Le villain dist a soy mes
mes. Cest homme cy sans cause
ne veult pas faire brusler sa femme
Et adonc va dire au seigneur Se
tu veulx brusler ta femme ates
vng peu et ie tiray querir la mien
ne aux champs et les brulons tou
tes deux ensemble Quant pantus
ouyt ces parolles il fut fort esba
hy et va dire Cest homme na cu
re de riens et deist a esope Tu mas
faicts si ten suffise/car se de ceste
heure en auant tu me veulx frable
ment seruir, tantost ie te retourne
ray en labette. Et esope luy respon

dit Je le serviray aussi bien que ia
mais tu fus serui Et troys ioures
apres pantus Va dire a esope Va
ten veoir ainsi quil ya beaucoup
de gens car sil nya aulcune perso
ne te my veulx aller baigner Et
ainsi que esoppe cheminoit par la
voye il rencontra le iuge de la cy
te qui congneut que il estoit seruit
teur et il luy va dire Ou vas tu
grosse teste, et esoppe luy respodit
ie ne scay/pource que cuydoit qua
se mocquast de luy Le iuge com
manda quon le menast en prison
et ainsi quon le menoit il va dire
au iuge Je tay bien dit q ie ne sca
uoie ou alloye Car ie ne cuidoye
pas q tu me voulsisse faire me
nier en prison A done le iuge com
ea a soubzrire et leur va dire quilz
le laissassent aller Et ainsi q eso
pe fut venu au baing et quil veit
la grande compaignie des gens q
y estoyent et sailloyet et en saillant
se blessoyet a vne grosse pierre q
estoit a lentree du baing Et vng
homme ainsi quil entra au baing
scapa du pied a celle pierre et losta
du lieu affin q plus on ne sy bles
sast. Et esoppe sen retourna en la
maison/et va dire a son seigneur
quil ny auoit q vng homme au
baing Et pantus luy dist Prens
ce que nous sera necessaire et no
en allos baigner Et quant ilz fu
rent venus au baing et ilz virent
si grant compaignie pantus dist
a esope Or maintenant as tu dit
                    B.ii.

digne deſtre batu:car tu mas dit
qͫ ny auoit q̃ ung homme ¿ il en
ya plus de mille Et eſope diſt il
ny a qung homme et ſe tu veulx
ouyr tu diras quil eſt vray car la
pierre que Xoꝭ ſa eſtoit a lẽtree
du Baing:¿ tous ceulx qui paſſoi
ent bailloyent du pied a celle pier
re:et nul ne la oſtee ſinon celluy
et pourtant ie dy quil ny a que ce
luy la/¿ d̃ celuy ie parle nompas
des aaltres Et xã̃tus luy diſt tu
as grant paour car tu ne trcuues
excuſation que tu ne ſoyes batu/
car tu las bien gaigne.

℞ La. viii. hyſtoire laquel
le fait mention de la reſpon
ce que fiſt eſoppe a ſon mai
ſtre

Pres que xantus fut la
ue il ſen ala a ſa maiſon
Et ainſy que il purgoyt
ſon ventre eſope eſtoyt a coſte de
luy auec vng ſeau deaue Et pã
t⁹ luy diſt pourquoy eſt ce q̃ quãt
lhomme a purge ſon ventre il re
garde ſa matiere Et eſope luy reſ
pondit que ceſt de paour q̃ la ſci
ence ne ſeſpande car le temps paſ
ſe on doubtoit cela:poᷢquoy quãt
ilz ont purge leur ventre ilz regar
dent ſeur fẽte Mais cecy ne doit
poit doubter car pource q̃ tu nas
poĩt d̃ ſens tu ne dois point dou
Bⁱet le perdre car a folle demande
folle reſponce Et lendemain aiſy
que xantus eſtoit aſſis a table a

tteé ſes amys et la teſte plaine de
vi il trembloit des queſtiõs que
on lup faiſoit.et eſope diſt. Mon
maiſtre dionⁱius dict que le vin
a troys vert⁹ La premiere eſt vo
lupte La ſeconde ioyeuſete ¿ la tt
erce eſt qui faict les hommes folz
Et pource ie te prie bumõs ioyeu
ſement. Et pource que xantus a
uoit bien beu il va dite a eſoppe,
Tais toy conſeillier denfer ¿ eſo
pe lup diſt Regarde que tu dis car
ſe ie te treuue en eſſer ie me venge
ray de toy. Adoncques vng eſco
lier voyant q̃ xantus eſtoit char
ge de vin lup diſt Mon maiſtre ie
te demãde ſe vng hõme pourroit
boire toute la mer ¿ pourquoy nõ
diſt xantus, Et leſcolier diſt. ſi
tu ne la boys que veulx tu perdre
Ma maiſon diſt xantus Je ſuis
content diſt leſcolier.et pour la ſõ
me de cent eſcuz chaſcũ baiſſa vn
aigneau doi/et lendemain quant
xantus fut leue il bit que il na
uoit pas ſon aigneau il diſt a e
ſoppe. Scais tu ou eſt mon aigne
au ie ne ſcay pas trop bien diſt e
ſoppe. Mais ie ſcay bien que au
iourdhuy ſeras mis hors de ceſte
maiſon pour le marche que tu fiſ
hyer au ſoir:car tu contins et tes
oblige de boyre toute ſeaue de la
mer et en as mis ton aigneau en
gaige Quãt il ouyt ces parolles
il fut fort eſbaẜy en demandãt cõ
ſeil a eſope. et eſope diſt Tu pour
ras bien deffaire marche ¿ xãtuꝰ

luy diſt Dōne moy le cōſeil que
len puiſſe venir a chef Adōcques
eſope luy diſt la maniere eſt telle
que quāt tō aduerſaire te requer
ra d ce que tu luy as pmis tu cō
māderas a ta famille a pozter la
table ſur la riue de la mer/z quāt
les tables ſerōt miſes fais dmou
ter le bouteillier deuant toy z tou
te la compaignie/et puis fais la
uer une taſſe z la fais apporter
plaine de ſeaue d la mer z puis la
ties en la mā z puis demonde q̄
le marche ſoit declaire deuāt tou

te la cōpaignie et q̄ ce que tu as
pmis apzes boire tu laffirme/
tas deuant boire z va dite a la cō
paignie, Meſſeigneurs de ſamie
vo⁹ ſcauez que hyer au ſoir, ie pz
nꝭ de boire toute la mer, mais ie
vous congnoiſſez biē quil y a plu
ſieurs fleuues et riuieres qui viē
nēt a la mer a ceſte cauſe ie demā
de que mon aduerſaire garde leſ
dictz fleuues z riuieres nētēt en
ſadicte mer z promettz de boire tou
te la mer et ainſi le marche ſeroit
tōpu.

La quatozſieme hyſtoite

Vis pāt⁹
tegardāt q̄
le conſeil de eſo
pe eſtoit bon ſut
bien ayſe ſaduer
ſaire d rātius va
venir ſiniſier le
marche pſes les
bourgoys deuāt
le iuge requeroit
que pantus ſoyt
adiourne, Alo:s
pantus commā
da a ſes ſuitz̄s
de pozter ces ta
bles z ce quil luy eſtoit neceſſaire
ſut la rut̄e de la mer ce quil firent
Adoncques pantus deuant la cō
paignie qui la eſtoit commenca a
lauer une belle taſſe et puis lem
plit de ſeaue de la mer z ainſi quil
la tenoit il diſt a la compaignie.

Meſſeigneurs de ſamye vo⁹ ſca
uiés que pluſieurs fleuues z riuie
res entrent en la mer z pourtāt ſe
mō aduerſaire garde que plus ne
entrent et ie boire toute leaue d la
mer et non autrement Et adonc
ques tous ceulp de la compaignie

B.iii.

dirent quil difoit bien et lois lefcõ
liet aduerfaire de panitus luy dift
Cõ maiftre tu nous as Paitus
pourquoy le te pite q̃ noftre mar
che foit rompu. Et pãtus luy ret

E T pã
tui refpõ
ditfHa la grof
fe tefte ne tẽ
Va pas ẽcore
fi toft o̅ deuãt
ma pozte et fe
tu Vois deux
coineilles Vi
ẽs le moy dire
Aloft cat po
en Vcopt deup
ceft Bõt foztiẽ
Ẽnãt efoppe
faillit hoz s de
la moifõ il Vit

La p̃.V.Hyftoire

pohdit Ie fuis cõtent. Et quãt
il fut retourne a fa niafon efope
luy piia que par fon Bõ feruice le
laiffaft aller en liberte,

iõtinãt deup coineilles fur lar
bie et il le Vit dire a pãt9 et cõe il fe
partoit o̅ fa maifõ lite fe Bolla et
il luy dift groffe pãce ou font les
deup coineilles q̃ tu as Veues et e
fope luy dift ainfi q̃ ie te fuis alle
q̃ir lune fe eft Bollee et il lui dift
Boffu contrefaict:ceft ta maniere
de toy truffer de moy tu ne feras
pas dite Adõché il le fift trefBien
Batre et ainfi q̃ oh le batoit on ap
pela pãtus pour difner et efope
dift Helas certainemẽt ie fuis mi
ferable moy qui ay Veu deup cor
neilles ie fuis batu et pãtus qui
nja a Veu que Vne eft appelle a
defiiers Oi neft il a qui les oyfe

aup foiẽt cõtraires fors qua moy
Quant pãtus louyt il fut fozt ef
merueille o̅ fa fubtilite et o̅ffedit
aup bateurs de non plus le batre
Aulcu̅s iours apres pãtus dift a
foppe Sus efoppe fã me prepa
rer de bonnes Viãdes pour difner
car tous fes feigneurs doinẽt Ve
nir difner auecques moy Et efo
pe fi fen alla achepter tout tãt q̃
deuoit et apoita en la falle toutes
les Viandes appareillees pour le
difner Il trouua fa dame fur Vng
lit qui dormoit et il lui dift ma dã
me fil Vous plaift gardez les Viã
des que ie mectz ley affi q̃ les chi
ens ne les menyent il me fault re

toutner à la cuisine/et elle luy dist
Vate car mes fesses ont des yeulx
Apres q̃ esope sut apparesse tou-
tes les autres Viandes il les apor-
ta en la salle/et trouua sa dame q̃
dormoit les fesses Vers la table.
Et pource que elle auoit dist q̃ ses
fesses auoyent des yeulx il la des-
couurit toute et la laissa dormir.

¶ La .xvi. hystoire comment
patus trouua sa femme des-
couuerte

Ainsi que patus auec ses c-
oliers appeteent sa femme q̃
dormoit les fesses descouuertes p̃
grant Vergongne il tourna sa fa-
ce et dist a esoppe Paillart quesse
cy/et esoppe luy respondit Monsei
gneur quant ie mis les Viandes sur
la table/ie dis a ma dame quelle
gardast q̃ les chiens si ne les men
geassent/et elle me dist que ses fes
ses auoyẽt des yeulx et pource q̃l
le dormoit ie les luy ay descouuer
tes/et patus luy dist paillart ie te
trouueray/et toutesfois pour la-
mour de la compaignie tu ne seras
point batu Apres pantus dist a e-
soppe/or garde bien que nulz folz
nentrẽ en ma maison mais seul
lemẽt oratems et philosophes eso
pe sen alla afferie a ceulx et com
menca a grongner adoncq̃s Vint
Ung philosophe cuidant q̃l se truf
fast de luy tout courtouce nentra
point/ Ung autre Vn assez subtil
auquel esoppe fist ainsi/et pource
q̃l estoit si saige il respõdit doul

cemẽt Adõc esoppe alla dire a p̃
tus nat nest Venu que cestu! pour
quoy patus cuidoit q̃ les aultres
se fuissent mocquez de luy / et fut
plus courtouce que deuãt/et dit a
esoppe Va bossu contrefaict celuy
q̃ tu deuoys plus reteuoir a grãt
honeur tu las Vitupere et tes truf
fe de luy et esoppe luy dist/tu mas
commande que ie ne laisse entrer
en ta maison q̃ les saiges philoso
phes/et il dist ha grosse teste ceulx
cy ne sont ilz pas saiges Non dist
esope/car quant ie leur ay dit Attez
ilz ne sont pas entendu mais com
me folz senfont fuitz sãs dire mot

¶ Cestuy cy a respondu saigemẽt et
pource ie le repute pour saige et nõ
pas ceulx cy car celluy est fol qui
se courtouce de legier/ adoncques
tous les philosophes q̃ la estoient
approuuerent la respõce de esope
Veritable se merueillerent moult
de la sapience que esoppe scauoit.

¶ La .xvii. hystoire fait men
tiõ comment esoppe trouua Vng
tresor Et commẽt pantus le fist
emprisonner

En du temps apres pantus
et esope regardoit les grãs
sepulcres des dc̃es et aussi regar
doyẽt les epitaphes Esope a Vne
arche qui estoit iouxte Vne colũ
ne en laquelle on mettoit par quã
tre degrez/ Va regarder aulcunes
lettres sans consonance par poitz
institutees en ceste fourme qui sont
cestres lettres a.b.c.d.o.e.l.h.e.h.

et va dire a pan
tus monseigneur
quelles choses si
gnifient ces let
tres/et il 9 dili
gemnet les regar
de cõ les signifi
oyet il pesa fort
longuement Et
pource qil ne pou
oit entendre la si
gnificatiõ dist a
esoppe Quelles
choses signifiet
ces lettres/et eso
pe luy va respõ

dre Monseigneur celluy qui a icy
mis cestuy tresor ainsi que philoso
phie le notte par ces presentes let
tres qui sont icy escriptes en latin
Ascende gradus istos fodias et in
uenies thesaurũ auri. Apres pan
tus luy va dire/puis que tu es aĩ
si subtil/encores nauras tu point
de loberte Et esope luy va dire gar
de bien que tu feras, car cestuy tre
sor si est du roy. et pantus luy res
pondit/et comment le scais tu Et
esope respondit Car les lettres se
nous signifient que tu bailles le
tresor au roy dyonisius/lequel tu
as trouue. Quant pantus loupt
ainsi parler il luy dist Esope pres
la moitie de ce tresor ne le dy a p
sonne. Et esope luy dist. Tu ne le
me bailles pas mais celluy qui la
cy mis Et pantus luy dist. Com
ment le scais tu. Pource que les

lettres q sont cy ensuinãtes le no
demõstrent/ cest assauoit.i.t.e.d.
i.t.a. Lesqlles signifient. Et tes
diuiete qñ inuenistis thesaurum
auri Et pantus luy dist allons a
la maison/ et puis nous partirons

¶ La. viii. Histoire laqlle fait
mencion cõment esope fut deliure
de prisõ/et comment pantus luy
promist de le mettre en liberte

Q Dãt pantus fut retour
ne en sa maisõ du lieu
ou esope auoit trouue
le tresor par sõ grãt entendement
pour les lettres instulee a la por
te il fut bien esbahy de la sciece q
estoit en esope mais pour la liber
te q esope luy auoit demãdee fut
moult courtouce et craignãt la lã
gue desope le fist mettre en prisõ et

Esoppe luy dist
Voicy promesse
de Philosophe.
Tu scaiz que tu
mas promis li-
berte Et ie suis
empzisonne. Et
quant puitus le
ouyt ainsi par-
ler il mua sa se-
ziance et le feist
deslutter/ et deist
a esoppe. Se tu
veulx estre te-
mps en liberte/
restrains ta lan-
gue et ne me vueilles accuser. E
sope respondit. fais ce quil te plat
ça car vueilles ou non tu me met
tras en ma liberte. En ce temps
aduint vne chose merueilleuse en
la cite de sampe Car ainsi que on
souoit les teup publiques ainsi q̃
on fait a present en plusieurs citez
vng aigle vola tout soudainemt
dedãs toute la commune du peu
ple print lannel & le seau de celup
qui souuerainemet auoit la puis-
sance de sa cite Et puis si le laissa
cheoir en la fosse dug homme qui
estoit en liberte pour laquelle cho
se toute la cite de samie fut fort es
merueilliee & y eut tresgrãt rumc
en la cite car ilz doubtopet dauen
ne persecution & ne scauopent que
celle chose pouoit signifier dõt ilz
furent en grãt doubte & pource in
continent vindzent a pantus cõ-
au plus sage de toute la cite en lup

demãdant quelle chose signifioit
et ql en pourroit aduenir/ pantus
de ceste chose ignoroit pource leur
demãda tẽps pour leur dõner res
ponce & pource il estoit en grãt an
goisse en son couraige pource que
il ne scauoit ql deuoit dire au peu
ple Et esoppe alla par deuers lup
et lui dist/ pourquoy es tu si triste
en ton couraige. Laisse tristesse &
prens lyesse. Donne moy la char
ge de leur respondre/ et demain tu
leur diras telles parolles. Messei
gneurs de sampe ie ne suis pas de
uineur ne interpretateur de telles
choses lesquelles sont a venir/ mais
toutessois iay vn seruiteur en ma
maison q̃ se dit scauoit telles cho-
ses. Et messeigneurs se il vous
plaist ie le vous seray venir/ & il
vous dira en peu de parolles que
telles choses signifie. Et il vous
apprendza & congnoistre des scien

E i.

ces par lesquelles vous pouez e/
stre bze ioyeux z autez gloire gra
ce et honneur Adoncques pantus
ayant fiance auy parolles que E
soppe luy disoit le lendemain sen
alla a la place Et amassa tout le
peuple au pulpitte ou les gens se
tenoyent et denonca au peuple ce
que esoppe luy auoit dit. Lesquel
les choses dictes pryerent pantus
quil fist venir esoppe Quant eso
pe fut venu et il fut au plus hault
lieu de la place il commenca a fai
te ung signe de la main au peuple
affin quilz voulsissent tous faire
sillence/z leur dist en telle manie
re Messeigneurs de sampe pour
quoy vous mocquez vous de ma
figure. Ne scauez vous pas bien
que lon ne doibt point regarder la
face et beaulte d lhomme quelque
homme que ce soit mais a la scie
ce Et ne doit on point regarder le
vaisseau mais la chose qui est de
dens Car aucunesfois ung laict
vaisseau on le emplist de bon vin
Quant les samiens ouyrent ces pa
rolles ilz dirent. Se tu scays don
ner bon conseil pour la chose pu
blicque nous te prions q tu le fa
ces sil te plaist Adonc esope ayāt
en dieu grant confidence dist. Na
ture de laquelle viennent tous biens
au ieurdhuy a mis debat entre le
seigneur et le serviteur/ car celluy
q vaincra ne sera pas seablemet
paye car le seigneur a victoire sur
moy qui suis son serviteur le nau

ray point de liberte tout ainsi que
le droit le requiert/mais seray ba
tu et empuisonné/pource se vous
voulez que ie vous donne bon en
seignement de ce que vous me de
mādez remettez moy en liberte. a
donc tous dune voix dirent Il de
mande chose iuste et que pātus le
face/car cest chose licite Laquelle
chose reffusa pantus/et le seigne
de lauctorite publiq luy dist. pan
tus se tu ne obeys au peuple ie le
osteray de servitude/et te humilli
ray au peuple.

¶ La. vie. histoire comment
esoppe fut restitue en liberte

ET lors les amps d pantus
le prieret quil restituast eso
pe en liberte z quil le remist en la
chose publicque Adoncques pan
tus dist a esope comvien que ce ne
soit pas de ma bonne voulente ie
te donne ta liberte Adonc le crieur
alla crier par toute la ville/pan
tus donne liberte d esoppe Et ain
si fut acomply ce que esope auoit
dit Vueilles ou non vueille ie se
ray une fois en liberte Lors eso
pe sen alla au meilleu de toute la
compaignie et fist signe quon fist
silence/puis dist. Messeigneurs
laygle qui est roy de tous oyseaulx
ainsi que sont les Roys entre les
gens a prins lannel de presteur ce
cy signifie que ung roy demādera
toute vostre liberte/z vouldra de
struire toutes voz loix Et quant
les samiens ouyrent ces parolles

ilz furent tous moult fort espou-
entees. Tantost apres va venir
vng messaigier qui apportoit let-
tres royalles, lequel demãdoit le
senat des sampyens et le mena on
au conseil de la ville Et presenta
les lettres esquelles estoyt contenu
ce quil sensuyt Cresus roy de lydie
au senat et au peuple commun de sa
myte salut Je vous mande que me
faciez obeyssance ou ie vous met-
tray a feu et a sang Lesquelles let-
tres ouyes furent tous esbahis et
par crainte furent enclins a luy o-
beyr pourtant ilz voulurent sca-
uoir le conseil de esope en luy priãt
de dire sa setece lequel esope se as-
sist au siege et dist Mes seigrs ie
veulx que vous soyez enclins a
obeyr au roy de lydie toutteffois af-
fin que ie vous puisse conseiller
ce qui est conuenãt pour la chose
publicque ie vous fais assauoir
q fortune en la vie mortelle no-
mioitre deulx voyes Lune est liber-
te dont le commencemet est dur et
difficille toutteffois la fin est bon-
ne et facile Lautre voye est serui-
tude dont le commencement est fa-
cile mais la fin en est mauuaise
Quãt les sampyens ouyrent ces
parolles congnoissans ce quil co-
uenoit a la chose publicque regar-
derent et prindrent aduis de ceste
sentence de esope et dirent tous en-
semble. Pource que nous som-
mes en liberte nous ne voullons
a nul seruir Et auecques ceste res-

ponce renuoyerent le messagier au
roy cressus. Quant le roy ouyt
ceste respõce il fut fort courrouce
et amassa tous ses gesdarmes et
tous les nobles de son royaulme et
assembla vne grãt armee pour de-
struire tous les samiens Laquel-
le chose il eust faicte sil ne neust e-
ste destourne par son messaigier qui
luy dist Trescher seigr tu ne te
pourros venger des sampyens si
non quilz eussent perdu esope qui
a leurs affaires et necessitez les con-
seille pourquoy il est necessaire q
tu demandes vne embassade de-
uers ceulx de samie quilz te veuil-
lent enuoyer esope et tu leur par-
donneras toute leur offence car se
tu peulx vne fois auoir esope les
samiens sont en ta main. Adonc-
ques le roy enuoya vne embassa-
de a ceulx de sampe en leur man-
dant que ilz luy enuoyassent esope
Quant esope cogneut que le roy
cressus le mandoit il dist a tous
les sampyens Mes seigneurs il me
plaist tresfort daller veoir le roy
cressus mais deuãt que ie y aille
ie vous veuil dire vne fable.

La xx fable des
loups et des brebis

Ou teps passe q les bestes
parloiet les loups firent
grãt guerre aux brebis et
adõc pource q les brebis se pou-
oyet garder demãderet ayde aux
chiens lesquelz bataillerent pour
C.iii.

les brebis et firēt
fuirles loups ꝗ a
doncques pour a
uoit la paix aux
loups vōt demā
der que pour fuir
ꝗ euiter toute suf
pectiō ꝗ les chiēs
fussēt bailles aux
loups ou destruitz
ð tous poītz ꝗ les
brebis comme fol
les le cōsentitēt ꝗ
q̄āt les chiēs fu
rēt tuez les loups
eurent vengeāce
des brebis: quant esoppe eut dict
ceste fable les sāuiciēs dirēt que
esope nyroit point vers le roy

¶ La .ppi. hystoire monstre cōm
ment esoppe nobeil pas aux sāui
ens mais alla vers le roy

Ｅ Sope nobeit
aux sāuiciēs
mais alla auecꝗ
lēbassade vers le
roy Quāt il fut a
la court ꝗ le Roy
voyāt q̄ il estoit
sy difforme fut
mōlt forl indigne
ꝗ dist comēt cestui
est il cause q̄ les sa
ueyens nobeissēt
point a moy Adōc
ques esope luy res
pōdit. Ha trescher
sire. Certes ie ne
suis poīt venu deuant la diuine
maieste ꝑ force: mais de ma pro
pre voulēte aiāt tousi ours en es

perance que ꝑ la benignite tu oz
ras tout ce q̄ ie te diray. Adōc le roy
luy donna audience de parler Et

esoppe drist Ung bonne chasses
aur langoustes lequel print Ung
sigalle/laquelle Popant quon la
Vouloit tuer dist au faulconnier
Je te prie que sans cause ne me fa
ces mourir/Car ie ne fais a nul
mal ie ne menge point les bledz/ie
ne blesse nul de mes connes/mais
esiouyz les cheminans de ma Voie
Car ie ne fais que chanter par les
chemins/en moy ny a seullement
que la Voix. Quant le Roy seut
ouy il luy dist Tout ce que tu de
manderas te sera donne Et esoppe
luy pria quil donnast le tribut aux
samyens ce que le roy luy accorda
Et esoppe sagenouilla et le remer
cya treshumblement. Apres ce il com
posa ses fables et les donna au roy
et luy demanda lettres de la donai
son des truaiges des samyens/ce
quil luy fut Voulentiers accorde
Adonc print congie du roy et se re
tourna Vers les samyens/ausquelz
il recita les lettres royalles comme
le roy les remettoit en leurs fran
chises Et apres esope se partit de sa
mye et sen Vint en babiloine e fut
receu de seure roy dudit lieu Aps
esope adapta ung enfant nomme
enus comme son propre filz Et le
dit enus acusa esope envers le roy
de crime

La xxii histoire.

LE roy adiousta foy a laccu
sation desope e commanda
a europpe son grant seneschal de fai
re mourir esoppe. Et europe Voy
ant que la sentence estoit iniuste/
fist musser esoppe en ung sepul
cre/et long temps apres le roy de
gipte cuidant que esope fust mort
enuoya une preposition problem
matique au roy de babiloine con
tenant ce qui sensuit. Nata nabus
roy degipte salue le roy de ba
biloine salut/pource que ie Veulx
ediffier une tour qui ne touchera
point ne au ciel ne a la terre. Je te
prie que tu me enuoyes des mas
sons pour ediffier ma tour e ceste
priere faicte me donnes responce.
Et ie te donneray dix truages de
mon royaulme Adonc le roy de ba
biloyne fist appareiller tous sa
ges pour auoir labsolution de la
dicte question Et pour la cause que
nul ne pouoit souldre ceste question
il fut plus dollent que iamais ne
fut/et tomba a terre en disant. He
las ie suis bien meschant et bien mi
serable que iay perdu la couronne
de mon royaulme. Mauldit soit
celuy par qui iay faict mourir eso
pe. Et quant ledit europe entedit
la tristesse du roy/il dist en ceste
maniere Sire roy nayez plus affli
ction ne tristesse/et me pardonnes Car
ie nay pas faict mourir esope/car
bien ie sauoye que de luy Vous au
riez encores affaire/et lay garde en
ung sepulcre. A concques le Roy
dist que sil estoit Vif que on le fist
Venir Et tantost on amena esope

℄ iij.

deuant le roy/lequel se getta aux
piedz du roy Et quant le roy veit
qu esope estoit tout passe il com
manda quil fust laue et vestu Et
quant il fut bien laue il vint deuant
le roy ⁊ humblement le salua et luy
demanda sa cause pourquoy il a
uoit este mis en prison. Le roy luy
dist a son filz adoptif enus sauoit
accuse Et lors le commanda pu
nir Et esope si pria au roy quil
luy pardonnast. Et adoncques le
roy monstra a esope sa question
du Roy deripte. Et adonc quant
esope eut veu les lettres il commen
ca a dire au roy. Rescriptz au roy
degipte ⁊ apres que liuer sera pas
se tu luy enuoyeras gens pour edi
fier sa tour ⁊ pour luy respondre de
toutes choses le roy enuoya bas
side au roy degipte Apres il fist re
stituer tous les biens a esope ⁊ tenit
tes en sa pmiere dignite en luy don
ne puissance de pugnir son filz a
doptif Adoc esope receut du Roy
son filz benignement ⁊ en eut grat
foye et en le corrigeant il luy dist.
O mon filz vueilles garder mes com
mandemens et les vueilles met
tre en ton couraige/car nous don
nons conseil aux autres/ mais a
nous ne le scauons donner. Pour
ce que tu es homme humain tu es
subgect a fortune Et premieremet
tu aymeras dieu et garderas dof
fenser ton roy. Pource que tu es
homme humain/ayes cure des cho
ses humaines/car dieu pugnit les

mauuais/aussi est iniquite de fal
re a aucun moleste. Monstre toy
cruel a tes enemis affin quilz ne
te contempnet/⁊ a tes amys soyes
bien soyeulx/pour mieulx auoir
leurs beniuolences. Car tu dois
premierement desirer prosperite a
tes amys/et aduertisse a tes enne
mis et parle doulcement a ta feu
me que elle ne preigne ung autre
homme car la femme est variable ⁊
quant oh la flatte elle en est plus
encline a faire bien Garde toy bien
de trop parler/ et nayes point enuie
du bien dautruy Car enuie nuyst
a celuy eulx Garde toy de dire ton
secret a ta femme/car tousiours el
le demande noise/ ne despens point
le tien folement car il vault mieulx
laisser les biens a la mort / que a
la vie mandier. Ne te mocque de
personne et ne cesse dentendre a sa
pience tout ce ⁊ tu empruntes rens
le voulentiers affin que lon te pre
ste plus voulentiers Une autres
fois Garde toy de la compaignie
des mauuais aussi des affaires a
tes amis/⁊ ne ressemble pas aux
mauuais/Heberce lez des hebers
gez bonnes parolles est medecine
contre les vices/certainement cel
luy est bien heureux ⁊ peut acoue
tir ung bon amy car tiens nest si
secret quil ne soit sceu.

C La .xviii. histoire com
me enus se departit desop
pe et se occist.

depuis pluſieurs ad
monestacions enuers ſe
filz. deſope ſe deptit de
la côpaignie de eſope. Et Voyât
q̃ mauuaiſemêt il ſauoit accuſe
il fut triſte e dolêt: e ſen alla en
Vne haulte môtaigne et ſe gitta
du hault en bas et ſe deſeſprea. A
pres eſope cômâda aup faulcôn
ce̕s q̃ ilz priſſẽt quatre pouſſins
des aigles Et quât ilz ſes eurent
pris eſope leur acouſtuma a leur
donner a mengier en hault: et en
bas: et a chaſcun auoit attache a
leurs piedz deup petis enfans Et
tout ainſi cône ces deup petis en
fâs leuopent ou deſcendoiêt leur
Viande tout ainſi les aigles Vol
loyent hault et bas pour prendre

leur Viande Et ces choſes appa
reillees ce que lyuer fut paſſe eſo
pe print cõgie du roy pour ſe al
ler en egipte Quant eſope fut de
uant le roy degipte/il le regarda
moult fort pource quil eſtoit ain
ſy boſſu. Mais il ne conſidreroit
pas que aucuneſfoys Vng ſaict
Vaiſſeau eſt plẽin de treſbon Vin
Et ainſi eſoppe ſe Va agenouil
ler deuant luy e̕ le ſaluant môlt
humblement Adonc ſe roy le re
ceut treſgracieuſemêt et benigne
ment diſant en ceſte maniere que
te ſemble il de moy et de mes gês
Et eſope luy reſpondit. Sire roy
tu me ſembles le ſoleil e les tiês
me ſemblent les rais du ſoleil

La ppiii. hyſtoire laquelle faict mêtion comment
eſoppe rendit la ſolution au roy dègipte de la queſtion
quil auoit enuoyee au roy de Babilone.

A Donc quâd
le roy ouit
ſa reſponce deſo
pe il luy Va dire
Mais tu amême
toᵎ ceulp q̃ me
deuoient edifier
ma tour/ ouy
diſt il. Mays
le Veulp ſcauoir
en Quel lieu
Deulp edyffie
Et adonc le mena
na en Vng châp
luy diſant tout
ce quil Senſuit
L.iiii.

Dois tu cestuy chãp ou le veulx
ediffier mõ tout Adoncques esope
a chascun quatre du champ mist
vng aigle auec deux enfans/et i
ceulx enfans leuerẽt leur pastu
re en lait et les aigles de voller a
pres Et les enfans commencerẽt
a crier ap tes du moztier des cail
loux pour ediffier ceste tour Adõc
ques le roy dist a esoppe commẽt
dit il en voftre terre ya il hõmes
qui poztent aelles et esope luy dist
ouy sire Adoncques le roy luy dist
Tu mas vaincu Mais ie te prie
que tu me respõdes a vne questi
on Je fais amener des iumes du
pays de grece pour concepuoit des
cheuaulx qui sont en babiloyne.
De ce esope dist sire ie te dõneray
demain certaine responce. Apres
que esoppe fut retourne en son lo
gis il dist a ses seruiteurs. Fay
tes que mayez vng grant chat et
ainsi fut fait. Adoncques esoppe
deuant tout le mõde fist batre le
chat de grosses verges/et tous ses
egiptiẽs virent cecy et incõtinẽt
coururent apres le chat Laquelle
chose alleret dõncer au roy adõc
ques le roy commãda de faire ve
nir esoppe/et quãt il fut venu de
uãt sa maieste le roy luy dist Die
ca quias tu faict scais tu pas bien
que se dieu que nous adozons est
de telle figure. Car certainement
tous ses egiptiens adozẽt lidolle
en la proppe figure dung chat/par
quoy tu as grandement offencé.

Sire ceste faulce beste la nuit pas
see a grandement offence le roy de
Babiloine. Car elle a tue vng cõq
que il aymoit fozt pource quil ba
tailloit grandement et chãtoit les
heures de la nuyct. Adoncques le
roy dist a esoppe ie neusse pas cut
de que tu me eusses ainsi menty.
Car il ne se peut faire q ceste bes
te fust allee et venue en babiloine
Et esoppe en soubziant comme
ea a dire Sire ceste est allee et ve
nue en babiloine par laquelle les
iumes que tu as fait venir de gre
ce concepuront par hignee des che
uaulx qui sont en babiloyne. Et
toutes ces choses dictes le roy se
fist mieulx festoyer q p auãt. Et
le lendemain le roy fist appeller
tous les plus grans philosophes
que il peut trouuer en toute sa ter
re et les informa de la subtillite de
soppe et trestous les inuita pour
venir soupper en sa court auec eso
pe Et ainsi que ilz estoyent a sou
per de lilg eulx va dire a esope par
donne moy car ie suis icy enuoye
pour parler a toy Et adoncques e
soppe luy dist dy tout ce quil te plat
ra dieu ne mãde pas a faire mẽ
tir les hõmes. Et pource ta pa
rolle monstre que tu doubtes peu
toy dieu car tu ne dis que fables
et cõptes et vng aultre luy dist Il
est vng grãt teple auquel a vne
consumpne q soubstient douze et
tez et chascune cite couuerte de tre
le traetz sur lesquelz traetz ne fõt

hue coutie deux femmes Esoppe
luy va respond-e en ceste maniere
les petis enfans de babiloyne scau
uent bien la solution. Car cestuy
temple est le ciel/a la terre sa cou-
lompne et les douze citez sont les
douze moys dlã a les trête tractz
sont les trête toictz des moys:les
deux femmes qui ne font que cou-
rir dessus ensêble cest le iour a la
nuyct Adoncques le roy de egipte
dist aux nobles de sa court Il est
drolet que ie ennoye dôs a tribuitz
au roy de babiloine Lors sijg des
nobles dist au roy sire il fault fai-
re encores une aultre question la
quelle si est ce que cest que nb° no
uisimes ne visimes iamais. Et le
roy commença a dire a esope. Je
te prie que la uirilles souldre eso
pe sen retourna a son logis et fay
gnit de faire ung oblige auquel e
sope fist escripre en ceste maniere
moy notable roy degipte cognois
et confesse auoir emprinte du roy
licure mille marcz dor le sçlz moy
notable roy de egipte promectz ren
dre et payer au dict roy licure de-
dans ung certain temps lequel es
toit desia passe lequel cyrographe
esope alla le lendemain presenter
au roy de egipte/a tout ainsi com
me il fut arriue deuãt le roy gran
dement fut le roy esmeruueille d ce
luy cyrographe et puis dist a tous
ses barons de sa court Auez vous
iamais veu ne ouy dire q le roy
licure me ayt riens presste Les che

uaiiers. Dont dire que non. Adõc
ques esoppe luy va dire q se il est
vray ce q vous dictes la questi-
on est solue Car vous autz ouy a
veu ce que iamais ne ouistes ne
vistes oncques. Adõcques le roy
degipte dist q le roy licure estoyt
bien cureux dauoir en sa puissan
ce ung tel seruiteur comme esope
et renuoya esoppe en babiloine a
uec grans presens pour dôner au
roy de babiloine.

La .xxv. hystoire com
ment esoppe sen retourna
en babilone et comment
pour lhonnourer le Roy
fist faire une statue dor.
ET apres que esope entra en
babiloine il commenca a cõ
pter au roy les choses q il auoye
faictes en egipte pour lesquelles
choses le roy commãda que pour
lhonneur de esope fust mise publi
quemêt une statue dor Et apres
ung bie petit de temps esope eut
desir daller visiter grece et demã
da congie dy aller. Le roy fut môlt
dolent mais esope luy promist de
retourner a d finir ses iours en ba
biloine Et le roy luy donna con-
gie Alors esoppe sen alla parmy
toutes les citez de grece esquelles
il monstra sa sapience en fables
en telle maniere quil acqui ji hõ
neur a renommee par toute grece
Apres il voulut venir a la terre
de delphie laquelle estoit la plus
onnourable d toute grece Car il

grece cat ce ſtoit
le chief ð la regi
on et ſƷ, auoit
tout le peuple
du pays pour
ſouir eculp ð cel
le cite le vôt deſ
puiſec pleur en
uie Et adôc eſo
pe leur diſt Meſ
ſeigneurs vo⁹ e
ſtes ſemblables
au boys q eſt ðſ
ſus la mer/ car
quãt on ſe regar
de ð ð loig il ſem

ble eſtre bien grant, Mais quant
on eſt pꝛes il appert peu de choſe
Et ainſi eſt il de vous; car quãt
te eſtoye bien loing de vous te cui
doye que vous fuſſꝯes les meil
leurs du pays Et maintenant ie
congnoys bien q vous eſtes les
pires Quant les delphiens ouy
rent ces parolles ilƷ tindꝛent con
ſeil enſemble Et ilƷ des plus ſai
ges diſt Meſſeigneurs vous ſca
urƷ que ce ſuy hõme a eu grãt
ſupte et grant gloire par tous les
lieurs ou il eſt alle pource ſe nous
ny aduiſôs il nous oſtera noƷ au
ctorites et noƷ preuiſleges a no⁹ ð
ſtruira z gaſtera tout noſtre pais
Alors tous enſemble machinerẽt
en leur conſeil comment ilƷ pour
roient deſtruire et mettre a mort
eſope/ tou teffꝯis pour les grãdes
compaignies et la grãt multitade

de gens qui alloyẽt apꝛes ſup ilƷ
ne loſoiẽt faire mourir ne toucher
a ſa perſonne, Lors tous enſẽble
ſen allerent / et ainſi quilƷ ſe alloy
ent ilƷ vont regarder vng des ſer
uiteurs de eſope qui faiſoit vne
malle pour ſen aller Lors tous en
ſemble vont tenir leur conſeil et
penſerent determineement to⁹ en
ſemble de pꝛendꝛe vne fiole dõ ð
des le teple dapoſin laquelle fio
le les delphiens auoyent et ainſi
en telle maniere quilƷ auoyent de
termine ſa vont mettre bien ſecret
tement en la malle ð vng des ſer
uiteurs de eſope Lors eſope et
tous ſes ſcruiteurs ſen allerent a
tuecques tout leur bagaige du pa
ys de delphie Et eſtoyent tous y
gnoꝛãs de la trahyſõ q les faulx
traiſtres auoyent fuicte côtre luy
Et incontinant que le dõ eſoppe

fut party du pays des delphyens/ deist a quelle occasion me prẽdies
tos les faulx traistres se vont as Vous ; Lors tous les mauluais
sembler et courir apres le bon eso traistres diune voly vont dire sa
pe et font aller ent qtz se prindrent sarron et contrefait sacrilege ppo
a grant bruict . Et ainsi que ses ctite pourquoy as tu robbe et des
faulx traistres le prenoyent il leur poille le temple dapolin

La. xxv. histoire coment esope fut trophy/et comment il ra
compta aux delphies la fable du rat et de la grenouille.

Belle cho
se Esoppe
leur nya/et adoc
les delphies des
lierent sa malle
et trouverent de
dans la fiole dor
quilz y auoyent
mise lors la vont
publiequemēt mō
strer a chascun z
adoncques ilz sen
vont predie eso
pe comme sacri
leige/ lors esope
rgarda a leure
grande malice et congnoissant bi le vont condampnet a mort et de
en quil ne pouoit eschapper nulle le mener au hault de vne montai
ment de leurs mains se commen gne pout se precipiter meurdrt et
ca a plourer z a gemir gradement giectee du hault en bas de ladicte
sa fortune. Lors vng de ses bons montaigne Et quant esoppe con
amys nomme demas quāt il vit gneut leur grande et dampnable
que il plouroit et se tourmentoit mauuaistie et grāt malice il leur
ainsi il se print a reconforter z luy va dire et racōpter ceste fable Au
dist en ceste maniere/ esoppe apes temps que les bestes auoyent en
bon couraige et te consoles Apres semble bonne palx se rat et la gre
tous les delphyens vont tous en nouille eurent bōne amitie ensem
semble conclure que il estoit digne ble Et vne fois le rat conuoya sa
de mort comme vng sacrileige et grenouille a soupper auecques luy

et luy va dire/boy et mienge cè que
tu vouldras, et en apres quilz eu
rent bien beu et miege la grenoille
si dist au rat Je te vueil tresbien
festoyer. Dien ten auecques moy
affin que tu puisses mieulx a ton
aise passer la riuiere ie te lyeray a
mon pied En telle façon et maniē
re se firent et saulteret en la riuie
re Et quāt ilz furent dedās la gre
noulle comencea a tirer le rat a
pres elle/et quāt le rat vit ce il luy
dist. Ha faulce beste a tort et sans
cause tu me faiz brē mourir mais
ceulx qui demeurent en vie apres
moy vegeront bien ma mort. Et

ainsi que lung tiroit deuant et laui
tre derriere il vit vne escouffle q
les emporta tous deux ensemble et
les mengea. Ainsi a tort et sās cau
se se vo9 me faictes mourir mais
ie vous promectz que ceulx de ba
biloine et ceulx de grece vengerōt
bien ma mort Mais pour cecy les
delphies ne se laisserēt pas mais
tudement et a grant force et puis
sance se vot mener au lieu ou ilz
le denoyent faire mourir/ et le bō
esoppe tant quil ponoit les prioit
a genoulx et les reprenoit de leur
mauuaise vie.

CLa.xxvii.histoire fait mention comment Esoppe fina ses
iours piteusement et douloureusement.

Ainsi que
le bon hō
me esoppe se cō
batoyt auec chz
eulx leur escha
pa subtillemēt
et se fuit et entra
dedans le tēple
apolin mais ce
q̄l fist ne luy pr
fita de riés/car
ilz le prindrēt/et
le tirerent par for
ce du tēple dap
polin pour le p
cipiter et mettre

a mort Et esoppe voyant q̄ si tres
horriblement le prenoyent/il leur
dist en ceste maniere Messeigneurs
et ne doubtes vous point voltre

tresgeant dieu appolin/Lequel se
pourra bien venger de vo9/mais
non obstant ce quil leur auoit dit
par auant ne cesserent. Mais le

Bont menet au lieu pour le faire mourit. Lors esoppe Boyet qui ne pouoit en nulle maniere cõtre eulx resister leur Va dire Vne telle fable Dng laboureur estoit lequel demoura tout le teps de sa ieunesse aup chãps insques au teps de sa Vieillesse sans iamais auoit este en cite e il pria a ses maistres quil leur pleust ql peust Vne fois Veoir la cite/ donc le mirent sur chariot que les asnes menoient e dirent au Vieillart pich ces asnes car ilz te conduyront tout droit en la cite. Et ainsi que il les eut pic quez il Vit Vne grande tempeste por laquelle les asnes furet tous troubles et partirent hors du che min et le menitet en Vne montai gne e pource q les asnes pour la tempeste ne Veoyent riens ilz itres Bucherent du hault en bas e quãt le bõ homme Veit que il tomboit il dist a iupiter. Ha iupiter pour tant se iay offence mest il force de ainsi mourir. Je suis plus dolent et courrouce d ces asnes que ie ne fusse de Beaulx cheuaulx/e ainsi est il de moy car ie ne suis pas tue des Bons homes/mais des hom mes qui ne Vallet riens Et puis quant ilz furent au lieu pour pei piter il leur dist Dng homme fut qui fut amoureux de sa fille et la print a force. Et sa fille luy dist. Ha pere tu es Vn mauuais hom me e hors du sec d me faire ceste Vergõgne/car iaymeroye mieulp

souffrir tous les petitz du monde de gens nobles que de Vous Vil lains ainsi Villainemẽt estre tue mais te rens graces a dieu en luy priant que il Vous pugnisse du mal que Vous me faictes. Adonc ques ilz le getterẽt du hault dela roche en bas et ainsi mourut eso pe miserablement.

¶La .xxViii. hystoire la quelle fait mention cõment les delphiens sacri fierent a leur dieu:e com ment ilz edifficerent Vng temple pour lappaiser de la mort de esope.

Apres que esope fut ai si mis a mort il aduint plusieurs incõuenientes et especiallement il courut Vne si grande pestilẽce et famine et sy grãde taige que tous ceulx qui la prenoient en perdoyent le sens Et pource trestous ceulx du pays se aduiserent e sacrifierent a leur grãt dieu apolin et pource que iniuste ment auoyent occis esope. Dont ilz furent moult doles et courrou cez ilz conclurẽt de ediffier Vng temple. Et quant les grans prin ces et grans seigneurs seurẽt q ceulx du pays de delphie auoyet mis a mort esope incontinant ilz Vindrẽt du pays de delphie pour pugnir ceulx qui ouoyent iniuste ment et mauuaisement fait mou rit esoppe

Cy commence la preface du premier livre d'esope

A Romule filz de ty
bere de la cite datic
qui salut Esope home de gre
ce subtil et enseigne en ses
fables que les homes devoient
bien garder affin quil demon
strast la vie et les coustu
mes de tous les homes et introdui
t les oiseaux les arbres
les herbes les bestes par
lans affin que les homes con
gnoissent pourquoy les
fables ont este trouvees
et elles il a escript la ma-
lice des mauvais et l'ar
gemet des improbes il en
seigne aux malades humilite pour
user de polices doulces et plusieurs
aultres choses apres declarees
lesquelles moy qui romule ay trans-

...lates d'argue et escrupt en langue
latine lesquelles se tu veulx lire
et comprendre te aguiseras ton ente-
dement et te donneront grant joye.

¶ La .i. fable du coq
et de la pierre precieuse.

Ainsi q̃lg coq serchoit
sa pasture trouua vne
pierre precieuse a lui dit
a belle pierre tu es icy
en la fange mais celuy q̃ te desire
leust trouuee il te eust mise en pre-
mier estat mais en vain test trou-
uee car ie nay que faire de toy Sa-
chez que par le Coq est entendu le
fol qui na cure de science acquerir
et par la pierre est entendu ce pre-
sent liure

¶ La seconde fable est du
loup et de laignel

DE linnocẽt q̃ du mauuais
Esoppe nous dit vne telle
fable/ que le loup et laignel alle-
rent boire a vng ruisseau Aduint
que le loup buuoit au dessus/ et
laignel au dessoubz le loup/ lors
sapperceut et luy dist Pourquoy
as tu trouble mon eaue que te de-
noye Mõseigñt sauf vostre gra-
ce Et le loup luy dist Il nya pas
six mois que tõ pere me fist ainsi
Et laignel luy dist encore nestoie
ie pas ne Ce loup dist. Tu as mã-
ge mon pere et laignel respondict
Je nay point de dñs le loup dist
Tu ressembles bien a ton pere et
pour peche tu mourrus Et adõc
le loup se print et le mengea.

¶ La tierce fable du rat et
de la grenoille

Quint q̃ le rat
estoit en pele-
rinage et vint
sur le bort du-
ne riuiere et de-
mãda apde a
la grenoille et
la grenouille
luy lia le pied
au sien Et se
bouta en la ri-
uiere e nagãt
tusq̃s au mi-
lieu et puis se
arresta affin

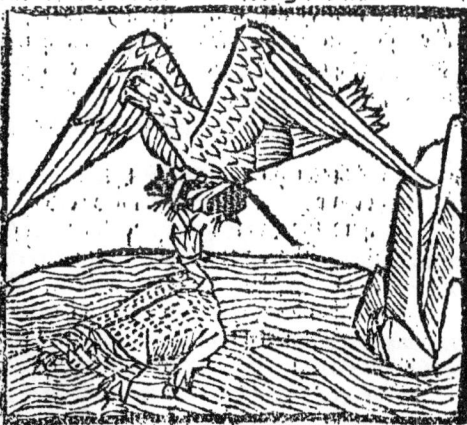

que elle noyast le rat et ce pendãt
vint vne escouffle qui les empor-
ta tous deux car qui pense le mal
contre le bñ/ le mal qui pense luy
aduient vou entiers

¶ La quatriesme fable du
chien et de la brebis

Les hommes calumpnieux treuuent tousiours cause q̃ faire tousiours mal aux bons cō me il appert par ceste fable. Le temps passe vng chien demanda a vne brebis vng pain que il luy auoit preste Et la feist adiourner deuant le iuge. Quant se vint le iour des tesmoings le loup si dist Ie scay bie que le chien luy a pre ste vng pain. Le millan va dit Elle la receu en ma presence. Et lesperuier aussi dit Pourquoy as tu nye ce que tu as prins et receu. Ainsi la poure brebis fut vaincue Adoncques le iuge commāda q̃l le payast le chien/et luy rendist ce quelle nauoit pas eu/et vendit sa toison deuant lyuer. z aisi fut des pourueue. Pareillement font les grans rongeurs qui par leur ma lice ne font que mēger les poures gens

¶ La. v. fable du chien et de la piece de chair

Celluy qui desire a auoir le bien dautruy souuēt pert le sien propre Dequoy esoppe nous dit que au temps iadis vng chien passoit sus vne planche/et auoit dedās sa gueule vne piece q̃ chair et vit lombre de celuy et de sa pie ce de chair et cuida que ce fust vne aultre piece de chair et la voullut aller prēdre/z en ouurāt sa gueul le sa piece luy tomba en la riuiere Ainsi est il de plusieurs gēs q̃ cui

dēt rapiner autruy et perdēt tout

¶ La. vi. fable du lyō et de la vache de la cheure/z de la brebis.

On dit communement que il ne fait pas bon menger des prunes auec son seigneur/duquel esoppe no⁹ racompte vne telle fa ble. La vache/la cheure/et la bre bis voulurent aller chasser auec ques le lyon/et prindret vng cerf Quāt vit a partir le lyon dit aux aultres.laissez car la premiere par tie me appartiēt pource q̃ ie suis le seigneur/la secōde aussi me ap partiēt pource que ie suis le plus fort/la tierce aussi me appartient pource que iay le plus couru. Et q̃ touchera a la quarte il sera mō ennemy et ainsi il print tout pour ce ses poures ne se doibuent point acompaigner des puissans car ilz ne leur sont point fiables

¶ La. vii. fable du mauuais latron et du soleil

Il ne mue p̃ na:·re/mais du mauuais naist bien le pi re cōe il appert par ceste fable des voisins dung latron qui luy fai soyent hōneur a ses nopces il vit vng homme qui leur deist/ Vous esiouysses de ce dont vous doz ue tiez bien fort plourer Et entendez vostre ioye Le souleil se voulut vne foys marier. Et toutes les nations du monde luy vouloyēt contredire Et lung deulx dist ain

ter Tu scais quil
nya q̄lg soleil ꝛe
cores il no⁹ bruf
le to⁹ ⁊ se il se ma
rie/et q̄ il ayt des
enfās il destruiꝛa
toute nature poꝛ
ce ne no⁹ deā õs
pas estoyꝛ õ la cõ
paignie des mau
uais ne õ lacroif
sement diceulx

¶ La. viii. fa
ble est du loup/ et
de la grue.

Q Vicõque faict bien au
mauuais il pꝛche com
me dit esope car bñ faic
te auꝛ mauuais ne pꝛoffite riēs.
comme il apert par ceste fable/ de
vng loup qui deuoꝛa vne bꝛebis/
et dicelle luy demouꝛa vng os eñ
la goꝛge q̄ le blesfoit grandement
Adonc le loup pꝛia a la grue q̄el
le luy tiraft cest os de la goꝛge/ la
grue boūta son col dedans la goꝛ
ge du loup et tira los dehoꝛs. paꝛ
quoy le loup fut guaꝛy. Adonc la
grue luy dist quil la payaft de son
salaire/et il luy dist Quant tu a
uoyes ton col dedans ma goꝛge/
se ieusse voulu ie teusse menger.
Et ainsi ne pꝛouffite riens de faiꝛ
re bien auꝛ mauuais / mais cest
chose perdue

¶ La. ix. est des
deuꝛ chiennes

L E nest pas tousiouꝛs boñ de
croiꝛe la flaterie des mau
uais comme il appert par ceste fa
ble. Dune chienne qui vouttoit
faire ses chiens et vint en la mai
son dune autre chienne eñ luy pꝛi
ant par doultces ⁊ belles paꝛolles
q̄lle luy pꝛestaft vng lieu a faiꝛe
ses petis chiens lautre chiēne luy
pꝛesta sa maison cuidant bien faiꝛ
re Quant lautre chienne eut fait
ses petis chiens/et ilz furent bien
nourꝛis la bonne chienne dist a la
mere des chiēs. Va ten dehoꝛs de
ma maison. Adonc la chienne et
to⁹ ses petis chiens couruꝛent des
sus elle et la batirent tresbiē et la
gettrei eñ hoꝛs de sa maison. Ainsi
pouꝛ bien faiꝛe souuentesfois oñ
a dōmaiage. Et souuent prit oñ
D.i.

beaucoup de biens pour la decectiõ du mauuais.

¶La.x.fable
de lhõmille z du
ferpent

CElui qui
riietteg at
de auy maul
uais il peche cae
oŋ diet cõmunes
ment De vo⁹ ta
nieuez vng hõe
du gibet Il ne
vo⁹ aymera ia
mais/cõe il apt
du ۱۱ bon hõme
leql trouua vŋ
ferpẽt eŋ vne vi

gne qui estoit quasi mort Dõt le
bon homme eut pitie/et lemporta
eŋ sa maison et le chauffa tresbiẽ
Et quãt il fut reuenu cõmiença
a celer z a siffler par sa maison et
mettoit eŋ peine sa fẽme et ses en
fans. Le bon homme print vne
grosse massue pour le tuer/z il se
Voulut estrangler Ainsi est il des
mauuais/car pour le bien ilz tẽ
dãt mal et deceouent ceulx q̃ ont
pitie de culx

¶La.pi fable est du lyoŋ/ et
dung asne.

Es mocqueurs esope ra/
compte vne telle fable de
vng Asne qui rencontra
vng lyoŋ Lasne dist. Moŋ frere
dieu te gard/lois le lyoŋ cõmẽ
ça a branler sa teste par grãt bas

ne et a bien grant peine peult il re
straindre soŋ yre que ses dẽs ne se
deuorast Adonc le lyoŋ dist a soy
mesmes. Il napartiẽt pas qunce
si nobles dens touchẽt a vne beste
si vtille/car cestuy qui est saige ne
doit poit blesser le fol q̃ nauoit eu
re ã ses poses mais les fault laif
fer pour tel quil est

¶La douziesme fable est ðs
deux ratz.

IL vault mieulx eŋ pourete
Viure seurement q̃ richemẽt
eŋ grant danger cõe il appert par
ceste fable de deux ratz dont lung
estoit gros z gras z se tenoit ððas
la caue dung moult riche hõme/z
lautre rat estoit poure et maygre
Vng iour le gras se voulut aller
esbatre auy chãps/z rencontra eŋ

fa voye se po
rtertāt et luy
dist Dieꝛ te a
ttēdꝰ mꝛp et
te te dōneray
bien daultres
viādes. Et a
dōc le mena
en la ville en
vne caue tē
plie de tout bi
en. et quāt ilz
furēt dedās le
gras rat luy
preſēta dꝛꝛ vi
ādes en luy di
ſāt fais grāt chiere boy ꝗ māgue
toyeuſemēt Et incontinent ſe bou
teiller va venir/ꝗ le gras rat ſen
ſoupt/ꝗ deiſt a lautre vieꝛ ca naí
es paour menge tout a tō ayſe et
le poure luy deiſt pour dieu gette
moy boꝛs dicy iayme mieulx mē
ger des grains de lle aux chāps ꝗ
viure ſeureſme ꝗ deſtre en ceſtuy
tourmēt Car tu es icy en grāt dou
te a ne ves pas ſeurement ꝗ pour
ce ceſt choſe bien toyeuse de viure
pouremēt ꝗ at le poure vit plus
ſeurement que le riche.

CLa .xlii. fable eſt de lay
gle et du regnart.

L es puiſſans doyuēt doub
ter les foiblee/comme il ap
perce par ceſte fable De vng aigle
qui print vng petit regnardon Et
le poꝛta en ſon nid pour donner a

ſes petis aygles. Et le regnart ſe
ſuiuoit en luy priāt ꝗl luy pleuſt
de reſtituer ſon enfant. Et laygle
luy diſt quil nen feroit riēs adōc
le regnart plain de barat comme
ça a amaſſer du feurre et enuiſon
na tout ſaubꝛe:et puis miſt le feu
dedans Loꝛs la fumee et la grant
flamme commē ça a mōter en ſat
bꝛe Et laigle douſtā t ſa moꝛt de
ſes pettis reſtitua le petit regnart
a ſa mirre Pource les puiſſans ne
doyuent poit nuice aup pe.is car
les petis pruent nuyre ancunes
fois aux grans

CLa .xliii. fable eſt de laí
gle et du coꝛbeau.

C Eluy ꝗ eſt ſeur et bien gar
ny par faulx cōſeil peulte c̄
fite trahy comme il appert p ceſte
fable. Vng aygle eſtoit ſur vng
Dꝛi.

aibxc et tenoit vne noiy au bec la
quelle elle ne porropt roiliyxe z le
cozbeau luy dist vole bien hault
et puis de la hault laisse la tont-
ber dessus vne pierre et elle se ro
pera Adonecques elle commenca a
voller bien hault z puis la laissa

tôber sur vne pierre et le cozbeau
la print et sen volla/ et ainsi pdit
sa noiy. Ainsi plusieurs sont per-
dus par faulx conseil et faulces
langues

¶ La.vB. fable du regnart q
parloit au cozbeau

Ceulx q
sesioui is-
set d la louege
d6 flateurs son
uet se repetent
côe il appert p
ceste fable dûg
cozbeau lequel
tenoit vng for
mage en sô bec
sur vng aibre
et le regnatt q
fort le dstira va
louet le cozbe-
au et dist Dcoz
beau tu es le
plus beau de to9 aultres car tu as
plumes tât resp'edissâtes q mer
ueilles/et si tu auois voiy clere
tu serois le plus cureuy de tous
oyseauly Et le cozbeau oyant la
grant flaterie du regnatt ouuryt
son bec pour chanter et le forma-
ge cheut a terre z le regnatt le prit
Et adonecques quant le cozbeau
veit que il e stoit aisi deceu du re
gnart il fut moult triste et dolent
Pource nous ne diuons point ay
mer flaterie
¶ La.vVi. fable est du lyon
du thoreau/ du sanglier

et de lasne
Quant aulcun a perdu sa di
gnite il doit deffaisser la pre
miete audace Dont esoppe nous
dit et raconpte vne telle fable d
vng lyô lequel en sa teunesse estoit
fier et oultraigeuy Et quât il fut
vieil le sanglier va venir a luy z
de ses dens le dessira tout. Apres
lasne le vint frapper du pied au
front Et le lyon commença incô
tinant a plourer z va dire en ceste
maniere. Ha quant ie estoye ieu
ne chascun me doubtoit et prese
que ie suis vieil nul ne tient com

ple ð moy Mais me ðboute pour
ce que fay perdu ma force fay pet
du bien cē honneur Et pource ad/
mōneste plufieurs q̄ sōt en feurs
dignitez que ilz foyent doulx Car

celluy qui nafquiert amys doibt
doubler de tomber en tel cas ⁊ en
tel peril.

⚓ La. v̄it. fable est ð lâ
ne et du petit chien

Dl ne doibt
  ſe entremettre
de ce qūl ne ſcet
faire comme il a
pert de vng aſne
qui eſtoit en la
maiſon ð vn ſei
gneur lequel ay
moyt vng pe=
tit chien. Et luy
dōnoit a mãger
fut ſa table et
ſailloit ſur la ro
be et faiſoit bon
ne chere a toꝰ dōt
laſne en fut enui

eux et diſt en luy meſmes ⚓e mō
ſeigneur et toꝰ ceulx de la maiſō
ayment ceſte beſte pource que elle
faict a tous feſte Par plus forte
raiſon ilz me aymeront ſi ie ſeur
fais feſte Et adoneques laſne diſt
a ſoy meſmes que il feroit com=
me le chien. A'ors il veit ſon ſei
gneur entrer en lhoſtel et adonc=
ques commenca a dancer ⁊ a ch̄ā
ter de ſa doulce voix ⁊ ſapprocha
de luy et luy faulta ſur ſes eſpaul
les et commenca a baiſer et mor
dre le ſeigneur/et il commenca a
crier battez moy ceſt aſne qui ain
ſi me bleſſe. Adonc laſne fut bien

bottu tant que il neut cure de dā
cer Et pource on ne ſe doibt entre
mettre de choſe que on ne ſcet faire

⚓ La. v̄iii. eſt du lyō ⁊ du rat

LE puiſſant doyt pardōner
au foyble comme il appert
par ceſte fable du lyō qui vouloit
dormir Et les ratz ſeſbatoyent au
pres de luy or aduint que vng rat
monta ſur le lyon et leſueilla. Et
le lyon de ſes ongles print le rat
quant il veit que il eſtoit agripe
il deiſt au lyon Monſeigneur par
dōnez moy Car vous ne gaignie
tes riens a me tuer/et auſſi ie ne
cuidoye point vous faire mal Le
                                    D. iii.

ty on pesa en luy mesmes quil na
uoit point de honneur de le tuer &
le laissa aller. Et ung peu apres
le lyon fust prins en une fossette en
ung filet et quant il fut prins il
commenca a crier et lamenter. A
doncques le rat loupt & luy deman
da pourquoy il crioit. Ne lois tu
pas que ie suis icy prins. Et le rat
luy dist Conseigneur ie ne seray
pas ingrat du bien que vous mauez
fait. Et doncques le rat comme
ca a ronger le filet et le rompit & le
lyon eschappa. Ceste fable nous en
seigne que celluy qui a grant puis
sance ne doit point despriser le petit
car celluy qui ne peut nuyre peult
aucunesffois aider au besoing.

℃ Ca. viij. fable du millan
malade et de sa mere

Celuy q toustours fait mal
ne doit point auoir desperan
ce que sa priere soit exaucee quant
il deuient malade comme il apert
par ceste fable dung mil lan qui e
stoit malade et nauoit esperance
de plus viure. & quant il vit quil
estoit mal dispose il deist a sa mere
quelle priast les dieux pour lui
Et celle luy respondit mon filz tu
as si grandement offence contre les
dieux qui se vengeront de toy/car
celuy qui maine mauuaise vie ne
doyt point auoir esperance deste
deliure d son mal Et quant on est
malade le temps est venu d estre
pape selon les oeuures quon a fai
tes Car qui offence aultruy en

prosperite quant il vient en aduer
site ne trouue nulz amys

℃ Ca. ix. est de lerondelle
et des oyseaux

Celuy qui ne croit bon con
seil il ne peut faillir d estre
mal conseille comme il appert p
ceste fable Dung laboureur qui
semoit du lin. Larondelle voyant
que du lin on pourroit faire des las
elle dist aux aultres oyseaux. Ve
nez tous auecques moy et arra
chons cestuy lin. car se nous le lais
sons croistre on en pourra faire
des filles pour nous prendre. Et
tous despriseren son conseil & la
rondelle sen alla logir chez le
laboureur & fist faire des filles pour
les prendre et quant on les menge
oit larondelle leur dist Je le vous
auoye bie dit : et pourtant on ne
doit point despriser conseil car cest
grant folye

℃ Cy finist le pre
mier liure de esope
Et commence le registre des fa
bles au second

Le second liure,

Cy commence le proesme du second liure/de 6 subtilles
fables de esope.

Toute fa
ble est trou
uee pour demon
strer a chascun qu
le chose on doibt
faire et ensuiure
et quelle chose on
doit fuir et euit
ter car autāt est
a dire fable en
poeterie cōe pa
rolles en theolo
gie Et pource ie
mettray fables

pour demõstrer les bõnes meurs
des hommes car la loy a este don
nee pour les delinquens/z pource
que les bons z iustes ne sont pas
subgectz a la loy/ ainsi que nous
lysens des athenicns qui viuoy
ent selonla loy de nature auoyent
liberte mais a leur volute demã
derēt vng roy/ pour restrener z pu
gnir les maulnais Et pource qlz
nauoyent acoustume destre corri
gez quant aulcun estoit corrige et

pagny ilz estoyẽt grãdemẽt trou
blez quant leur nouueau roy fai
soit ainsi iustice et pource quilz na
uoyent iamais este en nulle sub
gectiõ/ce leur estoit grant charge
destre en seruitude z furent dis do
lens et desplaisans de ce que ilz a
uoyent demande vng roy. Con
tre lesquelz esope nous racompte
vne fable laquelle est la premie
re du second liure

¶ La premiere fable est des
grenouilles et de iupiter

Il n'ya cho
se meilleu
re q̃ viure iuste
mẽt en liberte
Car elle vault
mieulx q̃ or/ et
argẽt dõt esope
no9 dit vne tel
le fable des gre
nouilles q̃ estoiẽ
tes susses qui fi
rent requeste d iu
piter ql leur dõ
nast vng roy et
iupiter pour le
Roy getta vne

grosse piece de boys q̃ fist grãt sõ
en leaue/ dont ilz eurent fort grãt
paour/ z aprés se approcherent de
leur roy pour lui faire obeyssance
et virent que cestoit boys Lors re
commencerẽt a iupiter en se priant ql
leur dõnast vng autre roy Adonc
iupiter leur donna le heron q̃ lors
entra dedãs et les cõmenca a mã

ger lune aprés lautre. Quant el
les virẽt que leur roy les mẽgoit
elles cõmencerent a plorer disant
a iupiter deliure nous de ce dragõ
qui nous deuore/et il leur dist. Le
roy que tant auez desire sera vo
stre. Et pource quant on est bien
on si doit tenir qui peut Et quant

on a liberte on la doit bien garder
car tout lor du monde ne scauroit
payer liberte

¶La seconde fable est des
coulombes et de lesperuier

Di se submet en la sauue
garde des mauuais quat
il demande ayde/il ney a
point comme il appert par ceste fa
ble Des coulombes qui demande-
rent vng esperuier pour leur roy.

homme pour le ro
ber/et le chie du
bon home luy iap
pa/adoc le larro
lui gecta du pai
et le chie lui dist
tu ne mie gettes
pas ce pai pour
lamour de moy
mais affin q tu
robbes mo mai
stre. et pource il
nest pas bo que
pour vng mor
ceau de pai le p
de ma vie a ia-

mais Et pourtant va ten main-
tenant dicy car se tu ne ten vas te
cueilleray mo maistre et toute sa
famille Lois le chien commenca
a iapper adonc le larron sen fuyt.
Ceste fable nous demonstre q poure
recepuoit grans dons/plusieurs
sont deceuz et en ont perdu leurs te-
stes et pourtant il est bon de regar
der pourquoy lendonne affin que

Et quat il fut seur roy il les com
menca a deuorer Et pource quad
on fait aucunes choses on doit re
garder la fin

¶La tierce fable est du larro
et du chien.

Quant on done aucune chose
on doit regarder la fin pour
quoy elle est donnee Dont cloppe
nous dict vne telle fable que vng
larron vint en la maison dung bo

nul par dons ne soit trahy/ne par
dons ne face trahison a son seignr
ou a son maistre.

¶La quatre fable de la
truye et du loup

Il nest pas bon d croire tout
ce quo oyt dire/comme il ap
pert par ceste fable dung loup qui
vint a vne truye q ploutoit de la
grant peine quelle souffroit en co

E.i.

chonnant ses petis cochons et luy
dist ma seur cochonne seurement/
car ie te seruiray tresfort. La truye
dist. Vaten ie nay que faire de toy
car tu ne demande sinon que mien

ger mes cochons Adonc il sen alla
et elle cochona car se elle leust creu
elle eust faict douloureuse portee/
car celuy qui croit follement/ fol
lement luy en prent

¶ La .v. fable de la montaigne qui tremble

Il auient sou
uent que tel
menasse qui a grã
de paour Cõe il
appert p ceste fa
ble/ dune mõtai
gne que les taul
pes fouirent dõt
les bões eurent
grant peur et sa
procherent de la
montaigne ¿ cõ
gneurent que se
storêt taulpes ¿
fut leur peur cõ
uertie en ioye/ et
mencerent a rire Pource ne fault
point doubter tous ceulx qui ont
grãs parolles ¿ menasses car tel
menasse qui a grant peur

¶ La .vi. du loup ¿ de laignel

LA puissance nest poit cause
dacquerir amys comme est
de bonte dont esope nous dict Vne
telle fable Dng loup trouua vne
chieure q alaictoit vng aignel au
quel le loup dist Ceste chieure nest
pas ta mere Va la sercher a la mõ
taigne. Car elle te nourrira plus
doulcement q ceste chieure faignel
dist ceste chieure nie norrist en lieu

de ma mere ¿ trompe ces propres
enfans ¿ qui plus est il me Vault
mieulx demourer auecques ceste
cheure que de me partir ¿ dicy et tõ
ber en ta gorge pour estre deuoré/
pource celuy est fol q delaisse seu
rete mais est mieulx de Viure seu
rement

¶ La .vii. du Vieil chien/ et
de son maistre

ON ne doyt poit despriser les
anciens se tu es ieune tu dois
desirer de Viure en ancienete ¿ prí
ser ¿ aymer les faitz qlz ont faiz en
ieunesse cõe il appert p ceste fable

dñg seigneur q̄
auoit ung chiê
leqͦl en sa ieunef
se fut d bône na
ture:car vo9 sca
uez e cognoissez
bien q̄ p nature
tous chiês chaf
set.Cestuy chiê
estoit adõc a la
chasse pour prê
dre lieures et
quãt il fut vieil
il ne pouoit pl9
courir:et laissa
une fois aler le
lieure. Dõt sõ maistre si fut mõlt
dolent et courouce e le chiê lui dist
Ha mõ maistre tu me tens d bon
et loyal seruice mauuais guerdõ
tu me deboutes en ma vieillesse
Apres memoire du temps passe q̄
te stoie ieune fort e puissãt e quãt
te suis vieil deuenu et ie ap pdu
ma puissance tu me desprises par
cecy est demõstre que q̄ ne fait biê
en sa ieunesse en sa vieillesse il nõ
continuera point es vertus q̄ la
possedees en son tẽps de ieunesse

¶ La. viii. des lieures
et des grenoilles

On dit communemẽt q̄ se
lõ que le temps va le doit
aller cõme il appert par ceste fa
ble Et aussi cestuy qui regarde le
mal daytruy doibt auoir patiêce
du mal quil luy peut aduenir. Ai
si q̄ ung veneur chassoit aux lie
ures ilz commencerent a fuir e en
fuyant sadresserent en ung marest
tout plain d grenouilles Et quãt
elles ouyrẽt fuir les lieures elles
cõmencerent toutes a fuyr et ung
lieure qui apcerceut la peur dõ grê
nouilles dist a ung de ses compai
gnons. Nayons point de paour/
car nous ne sõmes pas to9 seulz
q̄ auõs paour mais les grenouil
les ont paour cõme nous Et pour
ce au temps de infortune/on ne se
doit point desesperer mais faire q̄
uoie esperãce dauoir meilleur. car
apres grant guerre il vient grãt
paix et apres le beau temps vient
la pluye.

¶ La. ix. fable est du loup
et du cheureau.
E. ii.

Les bons enfans dol-
ue̅ tenir co̅ma̅deme̅s
de leurs peres co̅me il
appe̅rt par ceste fable/de vne chie-
ute qui voulut aller aux cha̅ps
dist a son cheureau garde bie̅ se le
loup vie̅t q̃ tu ne luy ouure·poi̅t
lhuys Quant la chieure se fut al-
lee le loup va venir a la porte sai-
gna̅t la voiz d̃la chieure Et luy

dist. A̅ d̃ enfa̅t ouure moy la po̅-
te et se cheureau luy respo̅dit va-
te car ie te voy bie̅ p̃ la porte Et
pour ne auoit tu fai̅gs la voix
de ma mere /et pource ie me gard
ray bie̅ de te ouurir la porte Pour
ce les bons enfans doyue̅t mettre
e̅ leur cueur la doctri̅e de leurs
parens/car plusieurs so̅t perdus
par deffaulte dobeissance

¶ La .v. fable du poure homme et du serpent

Celuy ne
doit pas
estre asseure d̃
falct mal a au-
cu̅ co̅me il apt
par ceste fable
Vn̅g serpent al-
loit et venoyt
en la maison d̃
vn̅g poure ho̅-
et viuoit de ce
q̃ il tomboit d̃
sa table q̃ de ce
luy adui̅t gra̅t
for·tu̅e q̃ riches-
se Et vn̅g iour
le poure ho̅e se courrouca au ser-
pe̅t ta̅t q̃ il le blessa Et vn̅g peu d̃
te̅ps apres tho̅e retourna en pou-
urete/q̃ congneut q̃ p̃ la fortu̅e du
serpe̅t il esto·t veuu poure q̃ se le
petit d̃ ce q̃l auoit frape q̃ se hu-
milia p̃ dua̅t le s̃p̃t e̅ lui disa̅t
ie te p̃ie q̃ tu me p̃do̅nes Ado̅q̃s
le serpe̅t luy dist puis que tu te re
pens de tous tes meffaitz ie te p̃

do̅ne mais ta̅t que ie viuray il
me souuiendra de ta malice Car
ainsi q̃ une foys mas blesse tu me
pourrois vne aultreffois blesser
car la plaie que tu mas faite ne
peult oublier le mal que tu mas
fait pource celui q̃ a este mauuais
vne fois tousiours si est presume
mauuais pource ne cel q̃ a falct
mal on doibt auoir e̅ suspection

´c

¶ La .vi. fable est du cerf ð
sa brebis et du loup.

LA chose promise p force
nest pas de tenir ainsi qͤl
apert p ceste fable dulg serf q̄ p͛et
le loup dist a la brebis q̄ elle luy
payast vng sextier de forment qͤl
se luy deuoit le loup comm̄da a

la brebis de le payer Quant vi̊t
au iour du payem̄et sa brebis dist
Les promesses faictes p force ne
se doyu̇et pas tenir/car il ma este
force p̄s̄et le loup ð te payer mais
tu ney auras rie̅ ð moy Et qͤr pour
ce aucuneffois est bon ð promet
tre pour euiter tant t lu̇s gr̄at dā
maige

DE vnpe
tit mal
en peult venir
vng grant cõe
il apert p ceste
fable Dune
mousche q̄ poi
gnoit vn hom
me chaune Et
quant il la
voulut fraper
elle sen volla
et luy mismes
se frappa puis
il luy dist Hā
male beste tu ð
m̄dꝛes bie̅ ta
moꝛt se ne suis frape cũ te tie̅ et
se ie teusse frapee tu fusses mo̊ꝛt
tesa pource souu̇et dũ petite pol
le mal assise aduient grant debat

¶ La .vii. est dung l̄ ð chaure et de sa mousche

TV ne dois faire a aul
truy chose q̄ tu voul
droits q̄ lõ ne te fist cõ
me il apert par ceste fable Vng te
gnart estoit lequͤl inuita vne sigol
gne a soupper auec luy le regnart
luy miist des v̄ādes sur vng tre
chouet lesquͤlles la sigoigne ne

peut m̄ger:loꝛs elle fut fo, ! coue
rouee a s͛e alla a sõ logis q̄pour
ce que le regnart lauoit trõpee el
le ymagina comm̄et elle pourois
le trõper le regnart. Car on dit q̄
cest merite ð, tromper le trõp̄ur
loꝛs elle inuita le regnart a soup
per auec elle et mist la viande en
vne fiole ð voirre Et qͤnt il eut
doit m̄ger il ne faisoit q̄ lescher
cest e siole pource que il ne pouoit
mettre sa langue dedans adõc il

E.iii.

congneut bie q̃l estoit deceu Lors se retourna tout cann⁹. et poʳtant
la sigoigne lui dist pres de telz be celuy q̃ trôpe est boulê tiers trôpe
tes côe tu mas baille q̃ le regnart et acqert grant merite de le trôper

¶La. viiii. du loup et de la teste de mort

A Dcuns sôt q̃ ont grãt honneur qui nôt point de pruden ce comme il ap pert par ceste fa ble Dune teste d̃ mort laquelle le loup tourna du pie en luy di sant en ceste ma niere A q̃ tu as este belle et plai sante et mainte nant tu pas ne sens ne beaulte entedemēt Et pourtãt on ne doit poit regarde a la beaute du corps Car plusieurs ont donne gloire a tel qui ne la pas desseruy.

sen alla vers ses compaignons z ilz luy dirent Ou sont les belles plumes q̃ tu auois naguere Nas tu point vergôgne de venir en no stre compaignie Se tu eusses este content de tes besternes tu ne sus ses pas ainsi vitupere Et pource tel porte belle robe qui na rien

¶La. v. fable est du gay
et du paon)

ON ne se doit vestir de la ro be dautruy comme il apert par ceste fable dung gay qui print les plumes dung paon et dicelles saozna Et quãt il fut biey aozne par son oultecuidace voulut cô uerser entre les paôs en despisãt tous ses compaignons Et quane les paons côgneurêt quil nestoit point de leur natu re ilz se desplu mirent et et le batirêt tresciz q̃ il

¶La. vi. fable est du ma
let et de la mousche

(M)Deuns font grãs mena ses qui nont point d̃ puis sance comme il appert p ceste fable Dug chartier qui me noit vn chariot auec vng mulet Et pource que le mallet ne chemi noit poit vne mousche q̃ lui dist ho

paliĩatt pourt/
quoy ne chemi/
nes tu ie te pot/
dray ſi aygte/
ment q̃ ie te fe/
ray bien titer a/
uant Le mulet
luy diſt. Dieu
garde la Lune
des loups/ Car
ie nay pas grãt
paour de mon
maiſtre qui eſt
ſur moy lequel
me gtraſt de fai/
re a ſa Voulente

po'ce on ne doit point doubter ceulx
q̃ noñt pas puiſſance ne Valleur.

❧ La.pVii.fable eſt de la
formie et de la mouſche

De ce Vanter eſt Vaine gloi
re et follye coĩme il appert
par ceſte fable De la formie et de
la mouche q̃ debatoyent pour ſca
uoir laquelle eſtoit la plus noble
La mouche diſt a la formis Dieu
ca formis te Veulx tu comparoſt
a moy q̃ demeure ou palays des
roys et Boy et mãge a leur table et
baiſe les belles filles et toy meſchã
te beſte tu es touſiours dedans la
terre La formis reſpondit Or cõ
gnois ie bien maintenant ta folie
car tu te Vaultes de ce que tu deue
rois deſpriſer car en tous lieux ou
tu Vas es deſpriſee et dechaſſee et ta
Vie eſt peu de fait cãr auſſi toſt
que liuer Viendra tu mourras et

ſe demoure ſcuſſe en ma teſniere/
la ou ie Boy et mãge a mõ plaiſir
car liuer ne te pardonnera poĩt tã
meffalct que il ne te face mourir/
Pource dit on communemẽt out
bien ſe mire bien ſe Voit et qui bie
ſe Voit ſe congnoiſt. Et qui
bien ſe cõgnoiſt peu ſe priſe ſaige
il eſt

❧ La.pViii.eſt du loup/ du
regnart et du ſinge

Celluy qui Vne fois dechliet
en aucũ Vilain faict Vivra
touſiours en deſbonneur/ cõme il
appert par ceſte fable de Vne loup
qui fiſt citer le regnart deuãt le ſĩ
ge et diſt q̃ le regnart neſtoit qung
larron Vng grãt paillart et Vng
rõgeur de poures gẽs Le regnart
luy diſt Vous auez menty ie ſuis
Vng bõ preudhomme et ſi ie fai/

beaucoup de biens Et le cinge qui
estoit assis en iugement donna la
sentence et deist au loup Diens tu
as perdu tout ce que tu deman
dis et toy regnart ie croy bien que
tu as desrobe combien q̃ tu le nyes
mais pour auoit paix partez vo9
deux insemble affin q̃ nul de vo9
nait part entiere/ et pource que le
cinge les sentoit to9 deux suspectz/
il les accorda ainsi Car ceulx qui
ont acoustume fraulde/ viuront
tousiours suspectz et mauluaise
ment

C La .xx. fable est de thom
me et de la mustelle

L On doibt bien aduiser et re
garder la pensee de celuy qui
fait aulcun bie z aussi pourquoy
il le fait et non pas louer comme
il appert par ceste fable De vng
homme qui print vne mustelle la
quelle chassoit apres les ratz en sa
maison z quant il leut prinse il la
voulut tuer Et quãt elle vit que
il la vouloit tuer elle lui cria mer
cy disant. Monseigneur au moins
rens moy le seruice que ie tay fait
alors il respõdit et dist Tu ne las
pas faict pour lamour de moy.
mais pour remplir ton ventre/car
se tu leusses faict pour lamour de
moy ie trusse pardõne mais pour
ce que tu es bien grasse de mõ pai
il te fault rendre la gresse q̃ tu as
pillee car qui pille sera pille/ et ne

souffist pas de bien faire/mais il
fault auoir bonne intentiõ car bõ
net aumosne par vaine gloire nest
pas merite mais est demerite Et
pource q̃ tu nas point desseruy de
mercy tu mourras

C La .xxi. fable est du beuf z
de la grenoulle

D E poure ne se doit point cõ
parer a ceulx qui sõt riches
et puissans Dont esoppe nous ra
compte vne telle fable dune gros
sa grenoulle q̃ estoit en vng grãt
marrays qui apperceut vng beuf
qui pissoit la.lors elle se voullut
faire aussi grande comme le beuf
et demãda a ses enfans ne suis ie
pas aussi grande cõe ce beuf et ilz
dirẽt que nẽny au regard du beuf
de vous nest riens. Adonc la gre
noulle commenca fort a souffler
Et quãt le beuf vit son grãt or
gueil il la pressa du pied et la cre
ua. Et pourtãt il nest pas bon au
poure de se cõparoit auec le riche

C Ly finist le second liure/ et
commence le registre des sa
bles du tiers.

C La premiere fable fait mentiõ
du lyon et du pasteur
La seconde du cheual et du lyon
La tierce du cheual z de lasne z de
leur fortune
La quatte de lespernier/du Rossi
gnol et de ses poussins

¶ Cy comence le tiers liure des
subtilles fables desope.
¶ La premiere fable est du lyon et du pasteur.

Les puissãs
ne doiuent
point estre ingratz
des bienfices re-
ceuz par eulp des
petis. et ne doyẽ-
uent point oublu-
er de les remune-
rer Ainsi que nos
preuue ceste fable
dug lyon qui cou-
roit apres vne be-
ste. et en courant
luy entra vne es-
pine au pied tant
que il ne pouoyt
cheminer. Et vint a vng pastour
lequel gardoit ses brebis et le fla-
toit en luy monstrant son pied/ le-
quel estoit naure. Lors le pastour
luy gecta vne brebis mais le lyon
ne luy demandoit pas a menger.
Mais il ne luy demandoit seulle-
ment que destre guary de son pied

F.i.

Adonequcs le pasteur bit lespiné
et dune aguille la tira hozs du pt e
et tantost il fut guary. Et pour re
dze grace et remeterer le pasteur il
luy baisa les deup mains a puis
sen retourna a la foz st. Ung peu
de temps apres le lyon fut prins a
mene a romme a fut mis au res
toutes les aultres bestes pour de
uozer les malfaicteurs. Oz aduit
que le pasteur comist ung crime
et fut condampne a estre deuoze p
icelles bestes. Ainsi quil fut gette
par my toutes ces bestes le lyon le
ba congnoistre et se commenca a
regarder et a luy faire moult grāt
feste et se commenca à deffendre de
toutes les aultres bestes. Adōc se
pasteur cōgneu que cestoit le lyon
quil auoit guary a la forest. Lequl
se bouloit remunerer du bien quil
luy auoit fait. Lozs tous les rom
mains furent bien esbahys a bou
lurent scauoir la cause pourquoy
cestoit. Et le pasteur leur dist com
me dessus. Et quāt ilz seurent la
cause renuoyeret le pasteur en sa
maison et le lyon en la forest. Et
pourtant cecy nous est bien notoi
re que toute psonne doit toujours
rendre grace et bien a ses bienffai
cteurs, car ingratitude est vng pe
che bien, desplaisant a dieu.

¶ La seconde fable du lion
et du cheual.

Die chacun cuset dissimu
lation car nul ne doit bestir

la peau du loup: sinon quil bueil
le le ressembler et nul ne se doit fai
dze estre autre qui nest cōme il ap
pert par ceste fable. Du lyon qui
beit vng cheual qui mengeoit en
vng pre et pour trouuer subtillite
de le manger il se approcha de luy
en luy dizant ainsi. Dieu te gard
mō frere. Je suis vng bon mede
cin a pour tant ie boy bien que tu
as grāt mal au pied ie suis cy be
nu pour te guerir/ mais le cheual
congneut bien sa grāt mauuaistie
et luy deist. Mon frere ie te remer
cye grandement et tu soyes le tres
bien benu ie te prie q tu me bueil
les guarir: a le lyon si luy dist. mō
stre moy ton pied. Adoncques le
cheual leua le pied. Et ainsi que le
lyon le regardoit le cheual le frap
pa au fronc tellement quil luy tō
pit toute la ceruelle de la teste a tō
ba le lyon a terre si rudement que a
bien grant peine se peult il releuer.
Adoncques le lyon dist a soymes
mes. ie suis bie digne dauoir cecy
car qui mal trace mal treuue. Et
pource que iay dissimule destre bō
medecin la ou ie me deuoye mon
strer grant ennemy ie ay bon sal
laire. Et pourtant chascun se doit
monstrer tel quil est.

¶ La tierce fable du che
ual et de lasne.

Cel uy qui est bien fortune
et est au dessus de la roue de

fortune peut bié
tōber en bas pour
ce nul ne doit des
priser le poure/car
on doit ymaginer
que la roe de fortu
ne est fort doubteu
se cōme il apert p
ceste fable.dūg bel
au cheual q̃ estoit
bié aorne de sa bri
de de sa selle et tou
te garnye doz qui
en vng lieu bien e
stroit il rencontra
vng asne/ lequel
estoit chargé. Et pour ce que las
ne se recula pas incontinent q̃
le cheul luy dist/ Nas tu point de
honte ne vergongne q̃ tu ne fais
honneur a teuerence a ton seigñr
qui me tient que de mes piedz/ ie
ne te compsla ceruelle poutce que
tu ne te destournes pas de mō che
min ne de ma voye. Et alors le
poure asne ne luy dist mot/ mais
eut grant paour de estre batu et se
teut q̃ fist que saige/et le cheual se
alla. Vng peu de temps apres ad
uit que fortune fut tournee et que
le cheual deuint vieil et fort mai
gre q̃ farcineup/ et quant son mai
stre vit q̃ il nestoit plus en pros
perite il commenda que onle me
nast en la ville/ et que au lieu de
la selle quil auoit quon luy mist
le bast/ pour porter les siens au
champs. Or aduit que lasne pas
soit en vng pre q̃ adōc il vit le che
ual et le congneut bien dont il sest
babyt cōment il estoit ainsi deue
nu farcineup et maigre. et alors
lasne vint deuers le cheual/et luy
dist.Ha compaignon ou est ta bel
le bride si bien doree q̃ ta belle selle
couuerte de velours/comment es
tu deuenu si poure si maigre/ et si
paillard/que te ont proffite tous
tes beaulx aornemés/ et q̃ ta prof
fite ta fierte q̃ ton orgueil/ et tou
te ta presumption et rigueur que
tu me demonstras vne foys. Or
pense que maintenant tu es mai
gre q̃ farcineup q̃ es comme moy
et si sommes de vne mesme office
Et le miserable cheual fut tout es

F.ii.

babp z par bzgongne botffa la te
fte/cat tonte fa felicite fut eftre
en aduerfite z pourtant ceulp qui
font en aduerfite/cat iap ven plu
fieurs riches qui font maintenant
poures.

¶ La quatriefme fable eft des
beftes z des opfeaulp.

On ne pzut feruir a deup fei
gneurs contraires lung a lau
tre comme il apert par cefte fable
que les beftes firent grant guerre
contre les opfeaulp / et fi tous les
iours fe combatoyent fort enfem
ble/ et faifopent grant guerre les
ungs contre les aultres z la che
ueche doubtant les coups z que les
opfeaulp fuffent vaincus fe vou
lut mettre de la partie des beftes/
et quant la bataille fut ordonnee du
ne part z daultre. Laigle comen
ca de fi tresgrant force en la batail
le tant que a laide des aultres op
feaulp elle gaigna la bataille. Et
adoncques les beftes firent palp
aup opfeaulp/et pour la trahyfon
q la cheueche auoit faicte elle fut
condampnee a iamais ne veoir
iour et a ne voller que de nupct/et
pource cellup neft pas faige qui
veult feruir a deup feigneurs / et
font ceulp bien dignes de eftre pu
nis q relinquent z delaiffent leurs
propres feigneurs / car ainfi q dit
leu dgelifte. Nul ne peut feruir
dicu z le dpable.

¶ La.v.fable eft du roffi
gnol z de lefperuier.

Qui faict mauuaife fin q
oppreffe les innocens/com
me il appert par cefte fable de ung
efperuier qui trouua le nid de vn
roffignol auecques ces petis opfe
aulp que eftoyent dedans z adonc
ques le roffignol dift a lefperuier.
Ie te prpe tant comme ie puis que
tu aye pitpe de mes petis pouffins
z lefperuier dift fe tu me veulp com
plaire il fault que tu chantes dout
cement a mon gre z te feray ce que
tu vouldras. Le roffignol comen
ca a chanter nompas de cueur mais
de la gorge/et lefperuier luy dift.
Cefte chanfon fi ne me plaift point
et print ung pouffin et le vouilut
menger. Lors il paffa ung chaf
feur qui tendit fon filet pour pren
dre lefperuier et cupda fen voller
mais il ne peut et fut prins. Pour
ce cellup eft digne de mourir q nuift
aup innocens ainfi comme fift capn
qui tua fon frere abel.

¶ La.vi.fable du regnart
et du loup.

Fortune apde aup bons z pa
reillement aup mauuais z
a ceulp que elle ne apme point elle
enuope contre eulp et ceulp a qui
oy enuope contre les fortunes tou
te leur malice elle fubuertit dont e
foppe nous raconpte vne telle fa
ble dung loup q auoit amaffe grat
proye pour viure dont le regnart
eut enupe/ et pour auoir les biens

du loup il sen al/
la en la fosse/ et
luy dist. Monsei
gnie pource q̄l ya
long temps q̄ ie ne
vous v̄ ie suis
en tristesse et en
douleur/ et aussi
pource que nous
auons este long
temps sas chasser
entre nous deup
Quant le loup
congneut sa ma/
lice il dist:tu nes
pas venta trop
pour me visiter/ mais pour rappi
ner le mien dont le regnart en fut
fort courrouce t sen al'. a a vng pa
steur et luy deist. De la te veulp
venger du loup ennemy de tó pate
le te mettray en ta main. Et le pa
steur respondit. Si tu le fais te te
payeray bié. Adonc le regnart luy
respondit ie le firay a luy monstra
la fosse ou le loup estoit. Et le pa
steur incontinent y alla t dune la
ce occist le loup/et ainsi le regnart
du bien dar ltruy se saoulla Et en
retournent fut denore des chiés t
il dist en soymesmes/ le mal q̄ lay
fait me t:toutne/car tousiours pe
che retourne a son maistre. Et ce/
luy qui ne vit que de rapine en la
fin sera rapine

℄ La.vii.fable est du cerf
et du veneur.

A Deunesfois ou sour troppe
quon doibt vituprer/et vitupere
len trop ce quon doit louer. Ainsi
que nous racompte ceste fable:de
vng cerf qui buuoit en vne belle
fontaine bien clere/Et en buuant
il vit sa teste cornue/Parquoy il
loua moult ses cornes t en regar
dát ses iambes si fort maigres, et
les despisa moult fort. Et en ce
faisant il ouyt labboy des chiens
subitement il sen voulut fuyr de
dans la forest pour se sauluer. Et
ainsi que les chiens courepent a
pres luy il se mist en vng buysso
et ses grans cornes le retindrent
t donc quant il vit quil ne pouoit
eschapper il commenca a dire en
ceste maniere. Helas iay vitupe
te mes iambes q̄ mont este vtiles
et proffitables/et mes cornes qui
me font mourir iay louees. Et
pource tu doibs despriser ta chose
F.i.i.

inutille et aymer la chose vtille/ cest que tu dois priser et aymer le glise et ses commandemens qui sont

vtilles et prouffitables et desprisser et fupr tous vices et pechez qui sont inutilles et dommaigeables

Ca. lir. est du cheualier et de la femme veufue

Femme est grandesment a louer qui vit fans naltre reproche en ce monde comme il apert Dung homme et d me femme qui fe tresaymoyent d tere. aduint quel homme mourut dont la femme fut fort dou lente et tourmenteece de la mort de son mary/et fist vne loge sur la fuffe en se defconfortant. Aduint que on fist pendre vng homme au gibet et fut commis vng cheualier pour le garder quil ne fust prins sur peine de mourir. Or aduint que ledict cheualier eut grant soif et sen alla en la loge de ladite femme pour trouuer a boyre/et quant il sen retourna il ne trouua pas le pendu dont il fut moult triste et ne scauoit ql deuoit faire il retourna vers cefte femme et luy compta le cas elle le reconforta et luy dist/ n. us deterrerons mon mary et mettrons au lieu et ainsi le ferent. Et pourtant les mots sont aucunessfois falts/ mais le dueil est tost passe

Ca. r. fable est du teune fils et de la femme commune

Esope nous racompte de vne femme appellee bays laquelle fut cause par faulce amour de la perdition de plusieurs teuneshommes Or aduint vne foys que elle trouua vng teune fils et luy demanda sil la voufoit aimer/cettes dist il tu es ce que desire plus. Mais que tu ne me decepues plus/ Car pource que tu me as tant de fops trompe iay tousiours peur de toy nonobstãt tu mes moult plaisante. Et ainsi lung trompa lautre car en amour de fauce femme on

ne se doit on/point fier. Car tu doibs
scauoir q̃ elle ne tayme pas mais
ton argent z ainsi plusieurs sont
trompez et deceuz.

¶ La.xi. fable est du pe
et du filz

Ung bon pere doit chastier son
enfant en sa ieunesse a non
pas en sa vieillesse/ Car adoncle
chastier est chose trop dificille ain
si que nous racompte ceste fable.
Dung pere de famille qui auoit
ung filz lequel ne faisoit chose q̃l
deust faire ce ne faisoit que courre
et alloit iouer par la ville. Et le
pere pour le crime de son filz bat
toit tous ses seruiteurs en leur di
sant une telle fable dung labou
reur quil voulloit lyer et lya ung
beuf auecques ung thoreau leq̃l
thoreau ne se voulloit point laisser
lyer et frappoyt moult rudement
de ses cornes. Et quant ilz furent
lyez le laboureur leur dist Je vo
ay lyez et ioinctz ensemble affin
que labourez/ mais ie veuil que le
thoreau pource quil est le plus pe
tit soit corrige par le beuf qui est
le plus grant. car besoing mest de
vous lier tous deux ensemble de
paour que ce thoreau qui est tant
malicieux et oultraigeux ne face
aucun mal par quoy me puisse ve
nir dommaige. Et ainsi ceste fa
ble nous demonstre q̃ le pere doit
donner bonne doctrine a son enfãt
en ieunesse car qui bien ayme bien
chastie et endoctrine.

¶ La.xii. fable du serpent ã
de la lyme.

Esope nous racomple une
fable de deux mauluais/ en
disant que ung serpent entra en
une forge de mareschal pour cer
cher sil trouueroit que menger ad
uint quil trouua une lyme et com
menca a la ronger et la lyme luy
dist Je tu me ronges tu ne peulx
me faire mal mais en me rongeãt
tu te blesseras bien/ Car par moy
tous fer soflimes/ et par ceste cau
se ie te dy que ung mauluais ne
peut dommaiger ung autre mau
uais/ et aussi dur contre dur ne ca
sent point lung lautre. Ne aussi
deux enrageux ne cheualiccerant
point ung asne pource te fort doit
bien aymer le fort et ne doibt nul
batailler contre plus fort que soy
mesmes/ mais fort contre fort et
foible contre foible.

¶ La.xiii. fable est des loups
et des brebis:

Quant on a aulcuns bon
amy on le doibt garder
car qui le pert il se repe
pet cõe il appert des brebis q̃ auoy
ent eu guerre contre les loups/ et
pource q̃ les loups faisoyent trop
forte guerre les poures brebis pri
drenet les chiens pour leur gardec
et pour batailler a lencontre lesdictz
loups A dirent que la bende de bre
bis fut si forte que les loups na
uoyent nulle puissance et si leur

mandreent vne
embassade ou p
brebis pour fai
re apointement
en disant se vo
nous voul les
bailler les chi
ens nous vous
lurerons de ne
vous faire ia/
mais mal les
brebis furent cõ
tentes/mais si
les eussent les
petis loups les
loups furent cõ

tens et ainsi firent en semble mais
les loups tuerent les chiens et les
brebis ne firent que naurer les pe
tis loups pourquoy quant ilz cõ
mencerent a croistre ilz sassemble
rent tous dung accord et direntá
leurs ancestres Il nous fault mã
ger les brebis/ et leurs ancestres
dirent, Nous auons fait paix a
uecques elles Lors les loups rom
pirent la paix et coururent contre
les brebis et leurs ácestres pareil
lement. Et pource que les brebis
auoyent baille les chiés qui estoi
ent leurs capitaines elles furent
mengees pource quelle nauoyent
pl° qui les gardast. Pource il fait
bon garder son porton et bon amy
quant on la.

¶La. pii. de lhomme et du boys.

CElup qui donne ayde a son
ennemp est cause de sa mort

ainsi cõme il apert par ceste fable
dung homme qui fist vne cõgnee
Et quant elle fut faicte il dõ man
da aup arbres le menche et les ar
bres furent contens. Et quant il
eut emmenché sa congnee il com
menca a mettre tous les arbres
par terre. Lors le fresne et le chef
ne dirent. Si nous somme coup
pes ces bien raison car de mesmes
no° sõmes taillez/ et pourtant nest
pas bon de ce mettre en la subiecti
on de son ennemy ne luy ayder po
nurve a soymesines ne bailler le
baston dont on pourroit estre batu

¶La. pv. fable est du loup
et du chien.

LIberte est moult doulce cho
se comme il appert par ceste

sable Dung loup et dunx chien q̃
baurentute se trouuerent ensemble
et le loup demanda au chien pour
quoy il estoit si gras et si plaisant
Et le chien lup respondit ⁊ dist. pour
ce que iay bien garde la maisõ de
mon maistre et ay iappe quāt les
latrons y venoient parquoy tou-
te sa famille me donne a boire et
a menger et pource ie fays ainsi
ayse et ainsi gras. Et le loup lup
dist. Puis que tu as si bon temps
iay bien grant desir de demourer
auecques toy offin que toy ⁊ mon
ne fussions que vne table/ Et biẽ

dist le chien ie suis content Biẽtẽ
auecqs moy si tu veulx estre aus-
si ayse que moy ⁊ hayez doubte de
rien Adonc le loup sen alla auec le
chiẽ et lup dist mõ frere pourquoy
as tu ainsi le col tondu et le chien
lup respondit pource que de tout
ie porte vng colier de fer au col au
quel ie suis attachez toute la nuit
on me deslie pour mieulx la mai-
son garder Adonc le loup lup dist/
crey ne me falet point de mestier/
car ie veulx viure en liberte car
elle vault mieulx que tout large
du monde.

¶ La .p̃ vi. fable des pieds des mains et du ventre de lhomme.

O Dommet
fera celup
biẽ a vng aultre
qui a soy mesme
ne peut bien fai-
re comme il ape
p ceste fable des
piedz des mais
qui eurent debat
au ventre en lui
disãt tout ce que
nous te pouons
gagner tu le me
Se ⁊ si tu ne fais
riens/ et pource
nous ne te don-
rons plus rien. Quant le ventre
eut fung il commenca fort a cry-
er. Helas ie meurs de fain donnes
moy a menger/ et les piedz et les
mains lup dirent tous ensemble
quitz nen feroiẽt riens Vng bien

peu apres les piedz et les mains
voulurent donner a menger au
ventre pour la grant foiblesse qlz
sentoyet/mais il estoit desia trop
tard car tous l e conduytz estoy-
ent desia fort serrees. et pource les
H.i.

membzes ne peuent faire nul bie
au Ventre car qui ne gouuerne le
Ventre a peine peult il les aultres
entretenir Et ainsi Vnz bon seru
teut doit tousiours bien seruir son
maistre affin quil le soustienne et
luy face du bien quant il Verra sa
bonne loyaulte

¶ La.pVii.fable est de iu,
no et daultres femmes

Euant les dieulx et les
deeffes on doit tousiours
leuer chastete Car cest cho
se bien honneste a lhomme quant
il luy suffist dauoir Vne seulle fe
me mais Venus pour soy esiouir
et passer le temps Voulut inter
rietr le dit des gelines interroga
Vne geline qlle auoit en sa maiso
dont pour le present ie men tayre
car plusieurs saiges qui ont Veu
st leu cestuy liure entendent bien

ceste matiere Et pource quil est li
cite a nous tous/ de garder lhon
neur des dames ie men tays.

¶ La.pViii.fable est du si
ge et du regnart.

Pouce et du riche esope
nous dit Vne telle fable du
singe quil pria le regnart quil luy
donnast Vng petit de sa longue
queue pour couurir ses fesses en
luy disant, que te sert toute ta lon
queue elle ne te fait que crotter par
les fanges et ce quil te nupst me
pourra mieulx prouffiter et le re
gnart luy dist ie Vouloroys quel
le fust encores plus longue et ay
me mieulx q elle soit crottee que
selle te faisoit honneur pour cou
urir tes fesses Et pource ne donne
pas dequoy tu as mestier que tu
nen apez apres mestier.

¶ La.pip.fable est du mulatier et de lasne

Plusieurs
sont traual
ler apre leur mort
pource lome doit
point defirer sa
mort comme il a
pert par ceste fa
ble. Dung hom
me mullatier qui
menoit Vng asne
q estoit bien char
ge pour plustost
oter le batoſt q ne
scauoit que faire
fors seullement
desirer la mort et

fault la beste dl mourut. Aduint
que apres sa mort on vendit sa
peau a vng homme qui en fist ta
bourins/et ainsi le pouxe asne fut
plus tourmente que deuât/pource
nul ne doit desiret la mort cat tel
a bien affaire en ce monde qui au
ta plus affaire en laultre.

La.xx.fable est du cerf
et des beufz.

POur fuyr lon nest pas
asseure deschapper du
dangier pour lequel on
fuit comme il appert par ceste fa
ble d.vng cerf q fuyoit deuât les
chasseurs t affin gl ne fust prins
il se bouta dedâs vne estable de
Beufz/et pria les beufz qnl leur
pleust de le sauluer/et l.s beufz
lup dirêt/tu es mal venu tu fus
ses pl° surement aup châps/car
se les bouuiers te voyent tu es
mort/helas ie vous prye q vous
me veilles musset en vostre cra
che t me vueillez celler iusqs au
soit et ie me mettray en lieu seur
Et quant les varletz vindrent
pour donner du foing aup beufz
ilz ne virent point le cerf dont il
fut fort ioyeup cuidât estre eschap
pe du peril de mort/et remercya
les beufz et lûg des beufz lup dist
cest facille chose deschapper de la
main de laueugle/mais il est dif
ficile deschapper de la main de ce
lup qui voit cler. Comme se no
stre maistre dist qui a cent yeup
et li le voit tu es mort t sil ne te

voit tu es eschappe E t tantost le
maistre entra en lestable/et com
menca a visiter le foing deuant
les beufz/et en le visitant il sen
tit les co.nes du cerf t dist en soy
mesmes. Quesse cy t fut toute es
pouente t hucha tous ses varletz
et leur demanda dont estoit venu
se cerf. Et ilz dirent monseigneur
nous nen scauons rien. Et le sei
gneur en fut bien ioyeup et le fist
prendre/et tuer et en firent grant
feste. Et ainsi tel cuyde fouir qui
est prins/car celup qui fuyt est en
grant dâgier/t pource lon se doit
garder de faire chose pourquoy on
doiue fouir.

¶La.xxi.fable est de la fal
lace du lyon et de sa conuer
sation.

COnuerser auec gens de
mauluaise vie est chose
perilleuse ainsi que recite
ceste fable de vng lyon tressort et
puissant/lequel se fist Roy pour
acquerir renommee et gloire t de
la en auant il mua sa coustume
en se monstrant hûble t courtoys
et il promist de ne blesser nulles
bestes/mais de les garder contre
tous et enuers toutes. Et de ceste
promesse se repentit pource que
cest chose difficile de muer sa pro
pre nature/t pource quil eut fait
il mena aucunes bestes en lieu
secret pour les deuorer et leur de
mandoit se sa gutulle puoit. Et
ceulp q disoyêt q ouy ilz estoyent

B.ii.

fauluez et ceulp
qui se taisoiet il
deuoroit Aduint
quit demada au
singe se sagheul
le paoie/et le sin
ge dist que non
mais quelle sen
toit comme bas
me Adonc le lyon
en eut grat ver
gongne de tuer
le singe Mais il
trouua cautelle
de le faire mou
rir et faingnit de
estre malade et frist venir le mede
cin/et quat il fut venu il regarda
son vrine et quant il leut veue il
luy dist. Sire vo9 serez tantost
guary mais que mengez de quel
que viande legiere/et le lyon dist
Je mengeroye voulentiers du sin
ge certes dist le medecin cest bon
ne viade et legiere et pource vous
estes le roy tout est a vostre com
mandement. Adonc lon alla que
rir le singe et suppose quil eust bie
dit du roy le roy le fist mourir et le
menga. Pource cest chose perilleu
se destre en la compaignie du tirant
car soit bie soit mal il veult tout
deuozer et mangier/et est bien eu
reux qui peult fuyr mauluaise com
paignie.

Cy finist le tiers liure des sub
tilles fables de esope.

Et commence le quart

La.i.fable est du regnart
et des raisins.

CElup nest pas saige q
desire a auoir chose que
il ne peult auoir. Ain
si comme il appert par ceste fable
de vng regnart qui regardoit des
raisins sur vne treille de vigne
lesquelz il desiroit a menger. Et
quant il vit que nullement il nen
pouoit auoir/il tourna sa tristes
se en ioye en disant/ce raisis sot
aygres et se ien tenoye ie ne vou
droye point menger. Ceste fable
nous monstre que celuy est saige
qui faint no desirer ce qil ne peult
bonnement auoir.

La.ii.fable est de la Belet
te et du rat.

Engin vault mieulx que for=
ce come recite ceste fable
dune belete anciene laqlle ne pou=
oit pl⁹ predre les ratz et souuentes
foys se trouua opresse de grãt fai=
et en son oppression elle ymagina
que elle se musseroit en la farine
pour predre lesculx ratz pour mi=
eulx viure et ainsi que les ratz ve=
noyent ala farine elle les megoit

lung apres laultre Et quant le pl⁹
vieil aperceut et congneut sa ma=
lice il dist en luy mesmes. Draper
met ie me garderay bie de ta grip=
pe car ie congnoys bien toute ta
malice et me garderay bien de che=
oir en tes mains Et pour ce celuy
est saige qui se garde de lengin des
mauluais par engin et nompas
par force.

¶ La iii. fable est du loup du pasteur et du veneur

Plusieurs
gesse mo=
stret bos de pa=
roles lesquelz
sont plains de
grant faintise
ainsi que recite
ceste fable dung
loup qui fuyoit
deuatle veneur
et en fuyat il re=
cotra ung pa=
steur auql il dit
Mon amy ie te
prie q tu ne dies
pas a cestuy hõ
me leql me suyt de quelle parte
suis alle et le pasteur luy respodit
Naye paour de tiens/Car ie ne
tenuseray pas/mais ie monstre
toy laultre partye et quant le chaf=
seur vint il demanda au pasteur
sil auoit point veu passer le loup
et le pasteur de la teste et pareille=
ment des yeulx monstroit le lieu
ou il estoit et de sa main et de sa la=

gue mostroit tout le cotraire et in
continent le chasseur len credit bien
et le loup qui aperceut toutes les
faintises du pasteur sen fuyt. Ung
peu de teps apres le pasteur recõ=
tra le loup et luy dist/pape moy de
ce q ie tay cele. Adoncques le loup
luy respodit ie tenercye tresmais
et aussi ta langue/et nompas tes
yeulx/et ta teste auffi esquelz na
F.ii.

point tenu que le naye este prins
et pource il ne se fault poit fier en
hôm: a deux visaiges ne a deur
lâgues/car il est sêblable a lescor
pion qui point de la queue et nom
pas de sa langue.

¶La .iiii. fable est de iuno la
dresse du paon et du rossignol.

Chascun doit estre contêt de
sa nature/a des bons q dieu
luy a dôntz de instrumet en vser
comme recite ceste fable dit z paô
qui veit iuno la dresse et luy dist
Je suis triste et doulant de ce que
ie ne scay aussi bienchanter que le
rossignol/car chascun se mocque
de moy pource q ie ne scay châter
et iuno le voulut qsoler celuy dist
Ta belle figure et beaulte est pt'
belle et plus digne a de plus grât
louege que le chant du rossignol

car tes plumes et la couleur sont
resplâdissantes comme esmecaut
des a si nest opseau qui ressemble
a tes plumes ne a la beaulte/et le
paô luy dist tout cecy ne vault rie
car ie ne scay point chanter. Et a
donques iuno dist au paon pour
le contempter cecy est de la dispo
sition des dieux qui ont donne a
tout chascun de vo' vne proprie
te a vertu telle que il leur a pleu
ainsi q a toy ont donne belle f gu
te/a laigle ont donne force/ chant
au rossignol/ couleur a la coulsu
be et ainsi des autres opseaulx.
Pource chascun se doit contenter
de ce que il a car tous les miseras
bles auaricieur tant que ilz ont
plus de bien tant plus en desirent
auoir.

La .v. fable est de la panthere et des villains

On doit bie
faire a vn
estrâgiet/ et par
donner au mise
rable/ ainsi que
racôpte ceste fa
ble dune panthe
re qui tôba en
vne fosse a quât
les villains du
pays la veirent
aucuns comme
cerent a frapper
et les aultre s dê
soyêt pardonnez
luy pource ql ne

a me blesse et les aultres luy don
nerent du pain. et ung aultre dist
aux villains gardes bien de la tu
et Et pource que ilz furent tous de
diuerses voulentez chascun sen re
tourna en sa maison cuidant quel
le mourust en ceste fosse et petit a
petit elle se tyra et retourna en sa
maison et se fist medeciner tant qͥl
le fust tresbien guarie. Ung peu de
temps apres il luy souuint de la
grant iniure quenluy auoit fulcte
et sen retourna audit lieu la ou el
le auoit este ainsi tresbien batue et
commenca a tuer toutes ses bestes
et a dissipper les pastours brusler
leurs bledz et a leurs faire plusi
eurs aultres grans dommaiges et
quant les gens du pays apperceu
rent le dommaige que la panthere
leur faisoit ilz vindrent a elle en
la priant quelle eust pitie et mise
ricorde deulx/et elle respondit ie ne
suis pas icy venue pour auoir ve
geance de ceulx qui ont eu miseri
corde de moy/mais de ceulx qui p
leur grande malice mont voulu
faire mourir. Et pour les mau
uais ie recite ceste fable affin quilz
ne blessent aucun/car se ces vil
lains eussent eu pitie de moy les
ungz comme les aultres de moy
poure panthere qui estoit estrange
re et estoit miserable en tant quel
le cheut en la fosse le mal quil leur
aduint ne leur est pas aduenu.

Ca. vi. fable est du bou
chier et des moutons.

Quant ung lignage est en di
uision ilz ne scauoyent faire
chose qui fust a leur salut comme
nous raconte ceste fable de ung
bouchier qui entra en une estable
de moutons et quant les moutons
le virent nul deulx ne luy dist mot
et dissimulerent trestous et le bou
chier print le premier quil trouua
Adonc ces moutons dirent laissons
luy faire tout ce quil vouldra et le
bouchier les prent lung apres lau
tre iusques au dernier tant quil ne
demoura quun x seullement et quãt
le bouchier le voulut prendre il luy
dist iustement ie suis digne de estre
happe prins pourtant que ie nay
point ayde a mes compaignons
car celluy ne doit point demander
ayde qui ne veult ayder ne confor
ter aultruy car vertu vnie est meil
leure que vertu separee.

Ca. vii. fable est du faulx
connin et des oyseaulx.

Les sages doiuent bien tou
iours garder et obseruer le bõ
conseil et si ne doibuent point fai
re le contraire ainsi que nous ra
compte ceste fable des oyseaulx
qui sestouppoyent au printemps
de ce que leurs nidz estoyent tous
couuers de fueilles ilz virent que
le faulxconnin appareilloit tous
ses laz pour les prendre adonc ilz
dirent tous cest homme la a pitie
de nous/car quant il nous regar
de il pleure. Adonc la perdrix la
quelle auoit experimente toute la

cautelle fraulde et
deception dudict
faulconnier : leur
dist. gardez vous
bien de celup hom
me et vous en vo
lez en lapt. Il ne
veult trouuer ma
niere que de vous
prendre et deceuoir
et se vne foys vo⁹
peust tenir en ses
las il vous men
gera ou vous por
tera au marchye
pour vendre et ia
mais nautez liberte. Pose le cas
quil ne vous menge poinct Mais
touteffois si serez vous tousiours
en cage safis ce que iamais vous
apez voftre franchise et voftre li
berte qui est la plus doulce chose
et que on doibt tenir plus cher que
chose qui soit au monde / et pource
croyez mop si vous estes saiges.
voliez en lait affin quil ne vous
puisse prendre. Quant la perdriz
eut ce dict. Aulcuns des oyseaulp
creurent son conseil et sen volle
tent en lait et furent sauluez : et ne
furent point prins du faulconnier
Mais tous ceulp qui ne voulu
rent croire le conseil de la perdriz /
ayans en eulp mesmes presump
tion de mieulp congnoistre le fau
connier furent prins et perdus Et
pource nous pouons tous congnoi
stre par ceste fable Que ceulp qui
croyent bien conseil sont maintes
fois deliurez et preseruez de plusi
eurs grans perilz et dangiers en
quoy ilz sont. Et ceulp qui ne veu
lent croire nullement bon conseil
qui sont maintesfois en plusieurs
grans perilz. Touteffoys lon ne
doibt point croire toute ce quon oyt
dire car plusieurs sont souuent de
ceuz et trompez par flateurs.

¶ La .vii. de lhomme veri
table et du mensongier.

U E temps passe on louoit plus
les hommes plains de faul
cetez et de mensonges que les hom
mes de pure verite. Laquelle cho
se regne grandemet au iourdhuy
Ainsi que recite ceste fable de lhom

me veritable et de lhomme men
songier lesquelz alloient to⁹ deux
ensemble par le pays et chemine
rent ensemble quilz vindrent ar
riuez en la puince des singes les
quelz le roy des singes comman
da q les fist mener deuãt lui estãt
en sa maieste iperialle ou il estoit
assis comme vng empereur tous
les singes denuitto luy comme
les subgectz sõt aupres de leur sei
gneur/et adonc il dist a lhõe men
songier qui suis ie. Et lhõme mē
songier q flateur commenca a di
re en ceste maniere. Tu es roy et
empereur et la plus belle creatu
re du monde. Et le roy de rechief
luy demãda qui sont ceulx cy qui
sont enuiton moy. Et lhõme mē
songier respondit ce sont voz che
ualiers et voz subgectz pour vo⁹
garder et deffendre vostre royau
me. Et le roy luy dist Tu es vng
hõme de bien q veulx que tu soys
mon maistre dhostel et que lon te
face grant honneur et reuerence.
Et quant lhomme de verite ouit
ce il dist en soy'mesmes Si cestuy
homme a este grandement honno
re pour dire mensonges ie le se
ray plus pour dire verite. Apres
le roy voulut interroguer lhom
me de verite et luy dist Qui suis
ir et aussi tous ceulx qui sont en
uiton moy. Et incontinent lhom
me de verite respondit q luy dist
Tu es vng singe q vne beste irrai

sonnable q tous ceulx qui sont en
uiton toy sont semblables a toy.
Adõc le roy fut moult courrouce
et commãda quil fust tout desssie
et rompu aux dens aux ongles
et mis tout en pieces. Pourquoy
il aduient souuent q les flateurs
et mensongiers sõt epauleez et les
hõmes de verite sont mis au bas
et deboutez/car pour dire verite
auculeffois on pert sa vie laquel
le chose est contre iustice q equite.

¶La .v. fable est du che
ual et du veneur

C ertes nul ne se doibt
mettre en subiectiõ po⁹
auoir vengeãce dautrui
cõe il appert p ceste fable laquel
le parle du cheual qui estoit enui
eux du cerf pource q le cerf estoyt
plus beau que luy. Et vne foys
entre les aultres le cheual eut en
uie sur le cerf et sen alla au chaf
seur et luy dist. Se tu me veulx
croire auiourdhuy nous prēdrõs
vne bonne proye Mõte sur moy
et prens ton espee q nous courtõs
apres le cerf q puis de tõ espee tu
le frapperas Et par ainsi tu le po
tras prendre. Et aussi tu en men
geras la chair et en vendras la
peau Et adõc le chasseur esmeu
de grant auarice demãda au che
ual. Te semble il par ta foy que
nous puissans prendre le cerf. Et
le cheual luy respondit suffise toy

H.i.

car ie te prometz
que ie y mettray
toute ma diligen
ce et aussi toute
ma force. Et po²
ce mōte sur moy
et croy mō cōseil.
Adonc ledict Ve
neur monta sur
ledit cheual et cou
rut apres le cerf a
quāt le cerf le vit
venir il sen fuyt
Et pource que le
Cerf courroyt si
fort il seut eschap
pa et quant le cheual vit quil fut
las et quil ne potoit plus courir
il dist au veneur desces de dessus
moy et en va car ie ne te puis pl⁹
pozter et ay failly a ma propre Adōc
le veneur luy dist Puis que tu es
entre en mes iambes tu ne me es
chapperas pas encore comme tu
cuide car tu as le frai en la gueul
le pour tarrester et se tu saultes la
selle me gardera de cheoir se tu re
gibes Iay des esperons fors et a
gutz pour te cōtraindre daller ou
il me plaira. Et pource garde toy
bien destre enuers moy rebelle.
Et pourtant il ne falt pas bō se
soubzmettre soubz la main daul
truy pour se cuyder venger de cel
luy contre qui on a aulcun coura
ge. Car celluy qui se submet a la
seigneurie daultruy il sobblige a

luy pour quelque chose que ce soit
¶ La .v. fable est de lasne
et du lyon

EN ce les cetlars plrt baulé
exter cuident saltepeur aug
ges aisi q recite ceste fable dūg as
ne qui iadis rencontra vng lion
auqy el il dist montons au haulé
de la montaigne et ie te monstre
ray comment les bestes me doub
tent et le lyon commenca a soubz
rire et luy dist. Allons mon frere
et quant ilz furēt dess⁹ la montai
gne lasne commanca a crier tres
hautes et les regnars commēce
rent tous a fuyr et quāt il les vit
fuyr il dist au lion ne vois tu pas
que les bestes ont grant paour de
moy/et le lyon luy dist aussi fust
se este espouente se ie neusse con
gneu que tu es vng asne et pour

son ne doit point douter cestuy qui
se vante de faire ce dequoy il na
pas puissance car bien gard sa tste

Ca.v. fable du vaultour et des oyseaulx.

Es ypocri-
tes sont a
dieu barbe ð fut
re comme il ap-
pert par ceste fa-
ble Dung voul-
tour qui faignit
iadis de vouloit
celebrer ung na-
tal ou vne grant
feste laqlle vou-
loit celebrer en
vng temple et a
celle feste il iuita
tous les petis oy-
seaulx alaquel-
le vindrent tous ⁊ icontinent qlz
furent venus en ce temple le voul-
tour cloua la porte ⁊ tua to⁹ les
petis oyseaulx Et pource ceste fa-
ble nous mostre comment no⁹ de-
uons garder de ceulx qui soubz be-
au semblant ont le cueur faulx ⁊
qui sot ypocrites⁊ decepueurs de
dieu et du monde il sen falct bon
garder.

Ca.vii. fable est du ly
on et des regnars

Elle exemple prent en
luy qui se chastie par au-
truy come il appert par
ceste fable dung lyo qui faignoit
iadis destre malade et quant les
bestes sceurent que le Lyon estoit

des loup ⁊ et ne doit on point dou-
ter vng fol pour ses menasses ne
pour son hault crier

malade toutes les voulurent al-
ler veop⁊ ⁊ visiter come leur roy
et incotinet q les bestes entroiet
il les deuoroit ⁊ mengoit toutes
Quant les regnars furent a la
porte pour le venir visiter ilz con
gneurent la fallace du lyon et le
saluerent de lentree de la porte et
quant le lyon veit quilz ne vou-
loient entrer il les interroga pour
quoy ilz ne voulloient entrer de-
dans ⁊ lung luy dist no⁹ cognois
sons bien par la trasse que toutes
les bestes qui sont entrees en ta
maison y sont demourees Et pa-
reillement se nous y entrons no⁹
y demourerons. Et pource cestuy
est bien eureux qui prent exem-
H ii.

¶ La.vii. fable est de lasne et du loup

ON ne doybt iamais ad-
iouster foy a ung
mauluais hom-
me comme il ap-
pert par ceste fa-
ble. Dung loup
qui visita vng as-
ne qui estoit fort
malade ce le loup
le commeca a ta-
ster et luy deman-
da. Mon frere et
mon amy ou as
tu mal. Et il luy
dist la ou tu me
touches. Adonc le loup faisant se-
blant de le visiter se commenca a
batte ct fraper. Et pource aup fla-
teurs ne se fault point fier ne trop
re car ilz disent ilg et font lautre

¶ La.viii. fable est du
Bouc ct des petis Boucz

IL nappartient point aup pe
tis de se mocquer des grans
comme il appert par ceste fable:
de troys petis boucz qui se moc-
quoient dung grant bouc qui sen
fuyoit deuant le loup. Et quant
il apperceut quilz se mocquoyent
de luy il leur dist en ceste maniere
Ha poures folz enrages Vous ne
scaues pourquoy ie men fups car
se vous scaues bien linconuenie

Vous ne vous mocqueries point
de moy Et pource quant on voit
le seigneur auoir peur son subiect
nen doit point estre trop asseure
car quant la bonne ville est prin-
se par fortune de guerre / Le plat
pays nen nest pas trop asseure /
mais doit trembler.

¶ Le.ix. est de lhomme
et du lyon.

IL ne fault pas croire la pai-
cture/mais au fait ca a la ve-
rite comme il appert par ceste fa-
ble. Dung homme et dung lyon
qui eurent debat ensemble ce estoi-
ent en discention / Assauoir mon
lequel estoit plus fort des deux.
Lhomme disoit que il estoit le plus

fort et pourtãt sý
eulx teſmoigner
il monſtra au ly
on vne poincttu
re/ou lhõme a
noit eu victoire
du lyon comme
la painctⁱe de
ſanſon le fort Et
le lyon luy diſt ſe
le lyon euſt bien
ſceu paidre il euſt
painct que le ly
on eut victoire.
Mais ie te mon
ſtreray la verite.

adanc le lyon le mena en la foſſe
et laſſatit et luy diſt. Toy hom
me maintenant tu congnoiſtras
la verite lequel eſt le plus fort de
nous deux et pourtant le pur mõ
ſtre ſa purete et le faict la verite.

¶La.vvi.fable eſt du
chameau et de la puce

Celluy qui na nulle puiſ
ſance il ne ſe doibt point
glorifier. Comme il ap
pert par ceſte fable dũg chameau
qui portoit vne charge aduit que
vne puce parmy le poil du cha
mel ſe miſt deſſus ſon dos et feiſt
porter iuſques au ſoir: τ quãt ilz
eurent faict vng grant chemin et
que le chameau fut en leſtable la
puce ſe va getter auy pieds du cha
meau et luy diſt. Iay eu pitie de
toy et ſuis deſcẽdu de deſſus toy

pource que ie ne veulx plus gre
uer de me porter. Et le chameau
diſt a la puce ie te temercie/cõ
bie que par toy ne ſoye charge ne
deſcharge. Et pource de celuy qui
ne peult ayder ne nuyre ne fault
point faire grant eſtime.

¶La.vvii.fable eſt de
la formis et de la ſigalle

Il faict bon amaſſer en leſte
pour viure en lyuer comme
il appert par ceſte fable dune ſi
galle qui alla demander au tẽps
dyuer a la formis de ſon ble pour
menger Adonc la formis luy diſt
quas tu faict au temps dleſte paſ
ſe et la ſigalle luy diſt iay chante
et la formis luy reſpondit de mõ
foimẽt nauras tu point et ſe tu
as chante tout leſte dance main
tenant en lyuer Et pourtant il ya

H.iii.

¶ La.xviii. fable est du pelerin et de lespee

Ung maul
uois hom
me peut estre cau
se de la perditiõ
de plusieurs e lui
mesmes se perist
comme recite ce
ste fable. Dung
pelerin qui trou
ua une espee en
cheminant et luy
dist qui la perdue
et lespee, qui dist
Ungzhomme seul
si mapdie mais
ie ay perdu plusi
eurs Et pourtant ung mauuais
homme peult bien estre perdu:
mais quant quil soit perdu il peut bien nuyre a plusieurs. Car ditz
mauluais homme ne vient que
mal.

¶ La.xix. fa
ble est des brebis
et de la corneille
On ne doibt
poit iniuri
er les innocens
ne les siples gēs
cõme il appert p
ceste fable/dune
corneille qse vou
loit huchet sur la
brebis e quāt la
brebis leutõque
mēt portee sui dit
Tu te garderas
bien de toy aller

toucher sur le chien ne iouer auec
luy adoncqs la corneille luy dist
pense poure innocent que ie scay
bien a qui ie me ioue/car ie suis
vieille et est ma nature de nuyre
aux poures innocens & ayme les
maulnais & por ceste fable veult
dire quil ya des gens de telle na-
ture quilz ne veullent que nuyre
aux innocens et simples gens

¶La.xx.fable est d lardre &
du reseau

Il ne doit point e
stre orgueilleux con
tre son seigneur.
Mais se doibt hu
milier a luy ainsi
que recite ceste fa-
ble Dung gros arbre qui ne vou
loit point ployer pour le vent. Et
vng roseau qui estoit au pied de
larbre ployoyt ou le vent vo-
loit & larbre luy dist pourquoy ne
demeure tu comme moy, et le rose
au luy respondit et dist/ie nay pas
la force que tu as, Et larbre luy
dist orgueilleusement iay doncqs
plus de force que toy. Et tantost a
pres vint vng grant vent qui ab
batit le gros arbre et le roseau de
moura en son estre. Car orgueil-
leux seront humiliez et aussi les
humbles seront epaulcez et la ra
cine de toute vertu et humilite et
obeissance

¶Cy fine le.iiii. liure des
subtilles fables desoppe et combien
quon ney ait plus trouue deregi

ffrees. Toutesfois on en trouue
plusieurs aultres par luy compo
sees/lesquelles cy apres sensuy
uent

¶La premiere fable est
du mullet du regnart et
du loup

On appelle plusi
eurs gens asnes les
quelz sont biens sub
tilz et tel cuyde es-
tre bon clerc et bie
sage qui nest qug
asne ainsi quil appert par ceste fa
ble. Dung mullet qui mengeoit
des herbes au pres dune forest au
quel vint vng regnart lequel luy
dist qui est tu et le mullet luy dist
ie suis vne beste. Le regnart luy
dist. Je ne te demande pas cela te
te demande comment & qui fut ton
pere et le mullet deist/ce fut vng
cheual Et le regnart luy dist ie ne
te demande pas cela ie te deman-
de seullement comment tu as no
et le mullet luy dist ie ne scay po
ce que iestoye trop petit quat mo
pere mourut/mais de paour que
mon nom fust oublie mon pere le
fist escripre a mon pied senestre/
parquoy se tu veulx scauoir mon
nom regarde en mon pied et tu le
scauras et quant le regnart ente
dit la fallace il se alla en la forest
& reconta le loup auquel il dist ha
meschante beste q fais tu icy vie
ten auec moy et ie te mettre en ta

maly Une bonn
prope regarde en
ce pre tu trouue
ras Une grace be
ste dont tu te pour
ras bien saouller
Adonc le soup en
tra ou pre y trou
ua le mullet qui
paissoit et luy de
mianda/qui es tu
g le mullet respon
dit ie suis Une be
ste et le soup deist
ie ne te demande
pas cela/dy moy

comme tu as nom/g le mulet res
pondit ie ne scay mais touteffois
se tu Deulx scauoir mon nom tu
le trouueras en mon pied de derr
ere en escripte. adonc le soup dist ie
te prie que tu le me monstres g il
luy tendict le pied/et ainsi que le
soup regardoit au pied du mullet
il luy bailla ung si grant coup au
fronc tant quil luy rompit la cer
uelle et le regnart qui estoit derri
ere ung buisson se print a rire et
truffer du soup disant meschante
beste tu scais bien que tu ne scez li
re g pourtant se mal te est Venu tu
en es cause car nul ne se doit entre
mettre de la chose quil ne scait fai
re et pource plusieurs sont deceuz
deulx entremettre de ce quilz nesca
uient faire et pource no9 fault gar
der de nous entremettre de ce que

nous ne scauions faire g nous ne
soyons ainsi g messeigneurs de lar
quemie ou de lart qui nest mye co
me le soup g Douloit faire du sai
ge et le mulet de lasne.

La .ii. fable est du Verrat
et du soup

Tel desire estre grant
Seigneur et desprise
ses parens g deuient
poure g en grant deshonneur com
me recite ceste fable du Verrat qui
estoit en ung troppeau de pource
aup Et pour auoir la dominatio
sur eulx il commenca a crier et a
rumpner pour leur faire paour
mais pource quilz le congnoissoi
ent ilz nen tenoyent compte/dont
il fut fort marry et desplaisant g
sen Doult aller en ung troppeau
de brebis et de aigneaulx. Quant

les aygneaulx fouprent ilz com
mencerent a auoir paouz et trem
ͣer Adõc le Verrat dist en foymes
mes Voicy le lieu ou ie doybs de
mouter car icy feray grandemẽt
honnoie. Car chascun tremble de
uãt moy q le loup va Venir pour
auoir proye. Et les aygneaulx fe
prindrent trestous a fuyz q le Ver
rat par orgueil ne fe voulut par
tir/car il cuidoitestre feigneur Et
alozle loup le prin pour lempoz
tet au boys q le Vouloit manger
et ainfi quil lemportoit par foztu
ne il paffa par Vng troppeau de
pourceaux lefqlz le Verrat auoit
laiffez ce quant il les congneut il
leur dist pour dieu ayez pitie de
moy Car ie fuis moit fe Vousne
maydez adõcques tous les pour
ceaux furent dung accord et le fe
coururet q tuerẽt le loup et quãt
le Verrat fut deliure et fut entre
les pourceaulx q eut paffe fa grãt
paour il commança a auoir Ver
gongne et hõte pource quil estoyt
party de leur compagnie Et leur
dist mes freres et mes bõs amis
ie fuis bie dine dauoir ceste pzie
pource que ie me fuis deparrty de
auec Vous. Et pource cestuy qui
est bien fi doibt maintenir/car tel
defire par fon orgueil estre grant
feigneur qui tombe en grant pou
urete en despzifant ceulx qui doit
pzifer aifi comme font les enfãs
dauiourdhuy quilz ne fõi hõneur
ne de reuerence nulle/a leur pere

ne a leur mere ne a leurs parens
¶ La .iii. fable est du regnart
et du pouĺet.

O Duuenteffoys
trop plet nuyst
cõe il appt p ce
ste fable dũg re
gnatt q Vint de
uers Vng petit
poulet et si luy dist Ie Vouldzoie
bien scauoir ta fcay auffi bien
chanter comme fist ton feu grant
pere. Adõcques le poulet clouyt
les yeulx et commença a chanter
et le regnatt lemporta. Et les hõ
mes de la Ville dirent le regnart
empozte le petit pouĺet. Adonc fe
poulet dist au regnart Nentens
tu pas que les Villains dient que
tu empoztes leur poullet Dis leʳ
que cest le tien et nõpas le leur
Et ainfi que le regnart difoit cest
le mien le poulet luy eschappa d
la gueule et fen Volla fut Vne ar
bze Adõc le poulet dist au regnart
Tu as menty/car ie fuis a eulp
et nõpas a toy. Et alozle reʳ
gnatt commança a frapper fon
mufeau cõtre terre/en difant a
fa bouche Bouche tu as trop par
le/car fe tu neuffes tant parle tu
euffes mange de ce pouĺet Et po
ce aucuneffois trop parler nuist
et trop grater cuyst
¶ La .iiii. fable est du dzagõ
et du Villain

J.t.

Ettes lon
ne doitpoit
rendre mal pour
biẽ a ceulp qui al
dẽt moult biẽ car
on ne doibt point
nuire cõe il apert
par ceste fable.
De ung serpent
lequel estoyt en
ung fleuue & ain
si que il estoit de
dans et q̃ le fleu
ue fut diminue il
demouraſur la ri
ne de leaue et par

deffaulte deaue ne ſe bougoit Et
ſi que par lo paſſoit ung labou-
reur il demanda au ſerpẽt q̃ faitz
tu la & il lui diſt ie ſuis icy ẽmou
te ſans aucune caue pourquoy ie
ne puis bouger mais ſe me veup
mettre ſur tõ aſne et me mener eñ
mõ fleuue te te donneray or & ar
gent en habondance Et ainſi que
le laboureur par couuoitiſe le lia
ſur ſon aſne & le mena en ſõ repai
re et quant il leut deſlie il deman
ba ſon payement et le ſerpent luy
diſt pource que tu mas lye tu me
demandes payement et pource q̃
lay faim maintenant ie te menge-
ray. Et le vilain reſpondit pour
bien faire tu me veulp mangier
et ainſi qͥlz debatoyent le regnart
les ouyt et vint vers eulp & leut
diſt Nay ez pl⁹ de debat car ie vo⁹

vueil acceder dictes moy chaſcũ
aſſauoir moy lequel a droit & cha
cũ diſt ſõ cas et le regnart ſi diſt
au villain mõſtre moy commẽt
tu las lye affin que ie puiſſe plus
iuſtement iuger & le villain miſt
le ſerpent ſur ſon aſne et le lya cõ
me deſſus. Et le regnart deman
da au ſerpẽt te tenoit il auſſi fort
lye et le ſerpent diſt ouy et encoꝛe
beaucoup pl⁹ et le regnart diſt au
villain ſerre le encoꝛe car qui biẽ
lye biẽ deſlye. Et quant il leut
lye le regnart luy diſt Reporte ſe
ou tu las pꝛins & le mietz ainſi lie
cõme il eſt il ne te mẽgera pas
car celup qui fuict mal/mal doit
auoir & iuſtemẽt ſont pugnis de
dieu ceulp q̃ fõt mal aup poures
gens   La .v. fable eſt
du regnart et du chat

Plusieurs gens sont qui vantent destre saiges et subtilz qui sont bien grãs folz et grans couars comme il appert par ceste fable dung regnatt qui iadis rencontra vng chat Et luy dist Mõ compere dieu vous doint bon iour. Et le chat luy dist mõseigneur dieu vous doint bonne vie. Lors le regnatt luy demãda mon compere que scais tu faire/z le chat luy respondit Ie scay saulter/z le regnatt luy dist. Tu nes pas digne d̃ vinre pource que tu ne scays riens Et alors le chat fut idigne des polles du regnatt et luy demanda. Et toy mon compere q̃ scais tu faire/et le regnatt luy dist mille tours Car iay vng plain sac de science et suis si grãt clerc que nul ne me scauroit tromper. Et ainsi que ilz parloient en semble le chat vit venir vng cheualier lequel menoit des chiens Adonc le chat luy dist mon compere ie voy venir vng cheualier qui mene des chiens lesquelz comme vo⁹ scauez sont noz anciẽs en nemps Et le regnart respõdit au chat mon compere tu parles comme couart et comme celuy qui a peur laisse les venir et ne te chaille/et incontinant que les chiens apperceurent le chat et le regnatt ilz commencerent a courir apõ eulx. Et quant le regnatt les veit venir il dist au chat. Fuyons nous en mon compere auquel le chat respondit

Certes il nẽ est point de besoing/et neãtmoins le regnatt ne creut point le chat z sen fouyt et le chat saulta sur vng arbre en disant. Nous verrons qui se sauuera le mieulx/z quãt le chat fut sur larbre il veit le regnatt q̃ les chiens tenoient et dist compere de mille tours que tu scays monstre en vng maintenant car il ten est besoing. Toutesfois les chiens tuerent le regnatt et le chat se sauua Et pource les saiges ne doyuent point despriser les simples Car tel cuide estre bien saige qui est bien fol.

¶ La .x. fable est du loup et du bouc.

Le foible ne se doit point armer contre le fort. Comme nous racompte ceste fable de vng loup qui iadis couroit apres vng Bouc. Et le bouc pour se sauluer saillit sur vne roche. et le loup assiega celle roche. Et quant ilz eurent la demoure enuiron lespace de deux ou de trois iours le loup commenca a auoir faim z le bouc a auoit soif/z le loup sen alla mẽ ger/z aussi le bouc sen alla boyre Et ainsi que le bouc buuoit il apperceut son vmbre en sa fontaine et en speculant z myrant en leau prophera telles parolles. Tu as si belles iambes et si belle barbe z tant belles cornes z tu as peur dit le loup De iamais il n̄equiet te le garde iay bien de auoir puissance

J.li.

sur moy.et adonc
le loup qui se lai/
soit et escoutoit
ces parolles se ha
pa par la cuisse en
disant que esse que
·tu as dict boue.et
quant le bouc dit
quil estoit prins
il commenca a dire
mosseigneur ie ne
dy mot ayez pitie
de moy/z le loup
se prit par la gor/
ge et lestrangla,
pource cest grant
folie au foible de faire guerre au fort.

¶ La .vii. fable est du loup et de lasne,

On ne doit
point croi/
re le conseil de ce/
luy a q on veult
nuyre,Ainsi com
me il appert par
ceste fable dung
loup qui iadis ren
contra ung asne
auquel il dist mõ
frere iay fain par
quoy il fault que
ie te menge · Et
adoncques lasne
luy respõdit tres
benignement mõ
seigneur tu peulx bien mainte/ hors dune tresgrant peine et ver/
nant faire de moy ce quil te plai/ gongne. Mais se tu me menges
ra.Car ie te prometz par ma foy ie te prie que tu ne me mẽge pas
que se tu me menges tu mosteras icy en la voye,car tu scais que ia

porte les raifins des Bignes Les
Blez des champs/tu scais auffi q̃
le Bois querir le bois a auffi quant
mon maiftre Beult faire quelque
adifice il fault q̃ ie Boise querir
toutes les pierres. Et daultre pt
iapporte le ble au moulin et en ra
porte la farine a pour toutes bries
ues conclufions ie feus nafqui en
heure maulditte/car a toutes pei
nes a labeurs ie suis subiect fab
mis et contrainct a tout Pour la
quelle chofe ie ne Bueil point que
tu me menges icy emmy la Boye
pour la grant honte et Bergongne
qui nicy poulroit aduenir Mais
ie te prie et requier que tu Bueil
les ouyr mon confeil lequel eft q̃
nous enallons a la foresta tu me
lyeras par la poictrine ainfi que
ton feruiteur et ie te lieray par le
col ainfi comme mon maiftre Et
tu me meneras deuãt toy dedãs
le boys. La ou plus fecretement
tu me mengeras/auquel confeil
le loup faccorda. Et quant ilz fa
rent en la foreft ilg lya laultre cõ
me deffus eft dit a quãt ilz furent
liez le loup dift a lafne allons la
ou tu Bouldras et Ba deuant. A
donc lafne alla deuant a mena le
loup le chemin de la maifon de fõ
maiftre a quant le loup cõgneut
le chemin il dift a lafne nous nal
fons pas la droicte Boye. Certes
dift lafne Boicy la droicte Boye ce
nonobftant le loup y cuyda recul
ler a ny Bouloit poĩt aller/mais

lafne le mena en la maifon de fõ
maiftre. Et quãt ceulx de la mai
fon Birent que lafne attainoit le
loup ilz batirent tant le loup quil
nen pouoit plus/lung deux pour
le plus blecer en le cuidant frapet
fur la tefte rompit le lien dequoy
il eftoit lie a il fe fuyt en la mon
taigne et lafne de grant ioye quil
eut commenca a crier a a chanter
de ce q̃l eftoit efchappe des perilz
ou il auoit efte. Et le loup qui ef
toit en la mõtaigne ouyt la Boix
de lafne retentir commenca a di
re en foymefmes tu as beau crier
cat ie te garderay bien Bne aultre
foys de me lier. Et pource ceft fo
lie de croire le confeil de cellup a
qui on Beult nuire et de foy met
tre en la fubiection. Et celluy qui
Bne foys a efte trõpe fe doit gar
der Bne aultreffoys deftre trõpe
Car celuy a q̃ on Beult faire mal
depuis quon le tient a fon aduen
taige on fe doit mettre au deffus
et puis pouruoir au confeil

La .Biii. fable eft du labou
teur et du serpent

Acteur recite icy Bne fa
ble cõfonãte a la prece
dente ceftaffauoir que
lon ne doit point croire celluy a q̃
on fait mal. Et dict que au tẽps
iadis Bng laboureur alloit Beoir
fes bledz aux champs Lequel en
fon chemin rencõtra Bng ferpent
a de Bng gros baftõ quil portoyt

J.iii.

le frappa si grant coup sur la te/
ste qua peu quil ne locist Et qñt
le serpent se sentit ainsi frappe/il
sentada du laboureur/et se boutta
en son pertuys en disãt au labou=
reur. O mauluais amy tu mas
batu/mais ie tauertis que tu ne
tropes nullement cellup a qui tu
as faict mal/desãsles parolles le
laboureur tĩt bien peu de compte
et passa son chemiñ. Oz aduint q̃
en icelle ãnee le laboureur alloyt
en̂tiuer ses terres/ auquel le ser=
pent demãda/mon amy ou vas
tu Et il luy dist ie vays cultiuer
mes terres et le serpẽt luy dist ne
seme pas trop car lãnee sera plu=
uieuse/mais ne croy pas cellup a
qui tu as fait mal, Adonc il sẽ al
la a son labour q̃ ne creut poit le
serpent mais fist labourer ses ter=
res et semer tant de grain comme
il peult Et en icelle annee furent
grandes habondances de pluyes
et furẽt les blez sous petiz q̃ neut
le laboureur guere de ble en ycel=
le annee. Et lautre annee ensuy=
uant le laboureur sẽ alloit semer
ses grains. Adonc le serpent luy
dist/ mon amy ne seme gueres/et
peu de grains Car leste qui vient
sera si chault que pour sa grande
challeur tous les biens partiront
touteffois ne croy pas cellup a q̃
tu as fait mal. Et sans dire mot
le laboureur sẽn alla pensant en
ce que le serpent luy auoit dict/et
dist q̃ cestoit fraulde et semã tant

de graiñs quil peut finir. Oz ad/
uint que leste ensuyuant fut com
me dessus est dit si treschault que
merueilles dont le laboureur fut
trompe et neut gueres blez. Lau=
tre annee ensuyuant en la saison
le poure laboureur alloit cultiuer
ses terres et le serpent le veit ve
nir de loing Et lors commenca a
linterroguer en luy disant labou
reur mon amy ou vas tu/q̃ il luy
respondit ie vois cultiuer mes ter=
res et adonc le serpent luy dist ne
seme pas peu ceste annee. Mais
seme moyenement q̃ ne croy pas
cellup a qui tu as faict mal Et si
te dy que lonnee qui vient sera la
plus ailtrẽpee que tu vis iamais
Et quant il ouyt ces parolles il
sẽn alla q fist tout ainsi comme le
serpent luy auoit dict/et celle an=
nee furent beaucoup de blez pour
la bonne disposition du tẽps q̃ en
celle annee comme le laboureur
reuenoit de faire ses moissons le
serpent lapperceut et luy dist ain
si. Oz me dy nas tu point main
tenant beaucoup de bien comme
ie tauoye dit. Ouy dist il dont ie
ten remercye. Lors le serpent luy
requist q̃ demãda remuneration
et il luy respondit cest bien raiso,
Et le serpẽt luy dist ie ne te demã
de sinõ que demain tu mennuoles
par vng de tes enfãs vne escuel=
le plaine de lait q̃ dy a ton filz quil
la me mette a mõ pertuys/mais
touteffois prẽs garde a ce que ie

tay dit aultreffois que ne croyes
point cestuy a qui tu as fait mal
apres ces choses dictes le labou-
reur sen alla a son hostel. Et le
demain au matin il luy envoya
une escuelle de laict par son filz
et la luy mist devant le pertuys
et tout acoup sortit abatit tant son
filz quil en mourut Et quant le la-
boureur alla a ses moissons quil
vint au repaire du serpent il trou-
ua son filz qui estoit mort alors il
commenca a crier sicomme cestuy
qui eut le cueur plain de ire en di-
sant ha mauldit serpent tu mas
trahy beste toute decepuable et ini-

que plaise de tous maulx tu mas
occis mon filz/et adonc le serpent
luy respondit et dist ie vueil bien
que tu sacses que ie ne tay point oc-
cis sans cause mais pour moy ven-
ger de ce que blessas lautre tout
sans cause et tu ne lauoys point a-
mende As tu point de memoire que
ie tay tant de foys dit que tu ne cro-
es point cestuy a qui tu as fait mal
souuienne toy maintenant que ien
suis venge Et ainsi ceste fable de-
monstre que ne doit point legiere-
ment attribuer foy a ceulx a qui
on faict mal

¶ La .ix. fable du loup et du lyon

SE aulcun
a este gre-
ue daultruy il ne
doit prendre ven-
gence de langue
p parolles inia-
rieuses comme il
appert par ceste
fable Dung re-
gnart qui mengoit
du poisson en ri-
uiere aduint que le
loup passa p la g
quant il vit le re-
gnart menger de
bon appetit il luy
dist mon frere et mon amy donne
moy de ton poisson et il luy respon-
dit Helas monseigneur il napar-
tient pas que vous mengies le re-
lief de ma table mais pour lhon-
neur de vous ie vous coseilleray
bien faictes quapez ung pennier
que ie vous enseigneray coment on

J.iiii.

pres les poissons affin que vous
en puissez prendre quãt vous au
rez faĩ Le loup sẽ alla en la rue
et desroba vng pannier / lequel il
apporta. Le regnart print le pan
nier et dune corde le lya tresfort a
la queue du loup q quãt il fut bĩ
lye le regnart dist au loup chemi
ne par la riuiere et ie te conduiray
pour recueillir le poissõ q le loup
fist ainsi et entant quil cheminoit
le regnart emplissoit le pannyer
de pierres par sa tresgrande malî
ce. Et quant le pannier fut plaĩ
le regnart dist au loup / certesmõ
seigneur ie ne te puis plus acueil
lir tant est le pãnier plain de poſ
ſon q le loup cuidant q le regnart
dist vray il profera telles parol
les en disant ie rens graces a dieu
que vne foys ie te voy monstrer
ta haulte science en fait de pesche
rie Adonc le regnart luy dist mon
seigneur attẽdes moy icy ie vois
querir ayde pour tirer le pannyer
et sẽ vint en la rue la ou il trou
ua des hommes et luy dist. Mes
seigneurs que faictes vous icy /
pourquoy estes vous si oyseufx
voyez le loup qui menge voz bre
bis et aigneaulx q toutes voz au
tres bestes / et maintenant il tyre
voftre poisson et le menge. alors
les hommes vindrent lũg a tout
vne hache les autres au deschies
et vindrent tous ensemble apres
le loup q le batirent tant que ce fut
grant merueilles / q quãt le loup

se sentit ainsi fort oppresse des chi
ens et des gens qui ainsi le batoy
ent il commenca a tirer de toute
sa force cuidant attreiner le poiſ
son mais il tira si tresfort qĩ arra
cha sa queue hors de son cul / q ai
si eschappa par bien tirer q courir
Or aduint que ce pendant le lyõ
qui estoit roy des bestes cheut eĩ
vne grant maladie / pour laquel
le chose chascune beste le benoyt
visite comme leur maistre et sei
gneur / et quant le loup y fut il sa
lua son seigneur en luy disant en
ceste maniere. Mon roy ie vous
salue et veoilles scauoir que iay
cireup et enuironne toutes les pro
uinces et endroitz pour cercher au
cune bonne medecine prouffitable
pour vous recouurer voftre san
te. Mais ie nay trouue chose qui
soit bonne ne prouffitable / sinon
tant seullement vng regnart ma
licieulx lequel a en sõ corps grãt
medecine pour vous / si vous vi
ent veoir il fault que lappelez en
conseil et quant vous le tiendres
despouiles luy sa peau q le laisſez
courir ou il vouldra. Et de icelle
peau qui tant est saine vous la fe
res lier sur voftre ventre et incõ
tinent vous seres guery q quant
il dit ces parolles il se alla / mais
il ne cuidoit pas q le regnart ain
si leust ouy. Mais il estoit en son
terrier pres du lyon q escoutoit le
propos du loup auquel il mist bĩ
remede car tout incontinent q le

loup fut party du lyon se regnart
sen alla aux champs et en vng
grant chemin trouua grät foison
de fanges dedans lesquelles il se
bouta ¶ se voustra dedans le dos
et la pense et a son aduis quät il
fut assez fange et crotte il sen vit
en la fosse du lyon et le salua ain
si comme il deuoit faire a son roy
et luy dist dieu te gard ¶ le lyö res
pödit en ceste maniere dieu te sau
ue/doulx amy approuche toy de
moy ¶ me viens baiser Et apres
te te diray aulcun secret que ie ne
vue il a vng chascun reueler. Et
adonc le regnart dist en ceste ma
niere sa chersire ne vous desplai
se car ie suis trop enfange et crot
te pour ce que iay tant serche me
decine pour vous pourquoy cher
sire il ne mappartient pas que ie
voyse si pres de vous/ car ie puz
trop la fange ¶ la puanteur vo9
pourroit biē faire du mal pour sa
grant maladie que vous auez en
vous/mais sire sil vous plaist
deuant que ie mapprouche de vo
stre royalle maieste ie men iray
baigner et nettoyer Et puis de re
chef ie me viendray presenter de
uant vous nonobstant ce auant
ꝗ le men voise plaise toy scauoir
ꝗ ie vies de toutes terres ¶ pays
diey encour et de tous les royaul
mes voisis de ceste prouince po9
trouuer quelque bonne medecine
buisable a vostre maladie mais
certes ie nay point trouue de meil

leur conseil que celluy dung grec
ancien a tout vne barbe blanche
homme de grant science. Lequel
ma dit que en ceste prouice a vng
loup courtault/lequel a perdu sa
queue par sa grant medecine qui
est en luy pour laquelle chose il est
expedient et necessite que facies
conuenir cestuy loup pour vostre
sante. Et quant il viendra vers
vous que vous sappellez en con
seil disant que cest pour son bien,
Et quät il sera pres de vo9 estan
dez voz pates dessus luy qui sont
tant belles ¶ tät doulces ¶ le plus
doulcement que faire se pourra d
uestez luy sa peau toute entiere ꝗ
ne reste tant seulement que le cha
peron de la teste ¶ les piedz ꝗ puis
le laissez aller serchet son mieulx
Et tout incontinent que vo9 au
rez icelle peau toute chaulde en
ueloppez vostre ventre dedans,
Et auant quil soit guere de tēps
vous en trouueres en plus grä
de sante de vostre corps que vous
ne fustes oncques iamais, ¶ tout
incontinent ledict regnart print
congie du lyon ¶ sen partit en soy
retournät en son terrier et tätost
apres le loup vint veoir le lyon
et tout incontinent le lyon sappel
la en conseil en estandant sa pate
et luy deuestit toute sa peau fors
la teste ¶ les piedz. Le lyon lya so
ventre dicelle peau toute chaul
de. Et ce faict le poure loup sen
fuyt sans sa peau, Et auoit assez

affaire de se deffendze des mou/
ches qui le poignoient et lup men
goient toute sa chair et pource q̃l
les estoiẽt si foztes apzes lupil se
pzint a courir et passa par dessus
vne motte soubz laquelle motte
le regnart estoit Et ainsi quant le
regnart le vit il commenca a hu
er et crier apz le loup en sop treuf
sant en soy disant Qui es tu qui
passe par la a tout ton beau chap
peu en la teste q̃ as si belles mou
sles en tes mains escoute hau es
coute ce que ie te dizay/quant tu
alloys q̃ venois par la maison tu
faisois bie du seigneur q̃ quãt tu

alloys a la court tu recepuois de
bons motz de tout le monde . Et
pourtant mon compere soit bien
soit mal laisse tout passer et apzes
patience et toute ton aduersi tie/et
pourtãt ceste fable nous dit et de
monstre que si aucun estoit ou dõ
maige daultruy il ne se doit point
veger de sa langue pour faire au
cune trahison ne dire blasphemes
secretz ne publicques car il doibt
tousiours considez q̃ie quicõques
appareille la fosse a son frere sou
uent il aduient que luy mesmes
chet en icelle.

DE
lir est
de cui
dez scauoiz plus
quon ne doit/car
tout ce que le sol
penĩe il luy sem
ble aduis que ain
si sera comme il
appert par ceste/
Dung loup qui
iadis se leua bie
matin q̃ apzes q̃l
fut leue en sestan
dant il feist vng
gros pet et puys
commenca a dire en soy mesmes
loue soit dieu voicy de tresbõnes
nouuelles. Au iour dhuy ie seray
bien fortune aisi comme ma chã

te mon cul/adonc se partit de son
logis et se pzent a cheminer et en
cheminant il se trouua en vng li
eu et trouua plai vng sac de gref

se qui ne femme auoit faict tuder
sequel il tourna de son pied et luy
commēca a dire ie ne daigneroye
menger de toy. Car tu me ferops
mal au cueur et si pourrois estre
grandement malade/et qui plus
est ie doy auiourdhuy manger de
meilleures viandes comme ma
chante mon cul. Et en disant ces
polles il sen alla ꝗ passa son che/
min/ꝗ tantost va trouuer du lard
bien salle ꝗ il le tourna du pied et
dist ie ne daigneroye menger de ce
ste viande pource que trop me cō
uiēdroit boire car elle est trop sal
lee/et ainsi que mon cul ma chan
te ie dois auiourdhuy menger vi
andes delicieuses. Ainsi quil fut
pl⁹ auant il va veoir en vng pre
vne iument et vng poullain. Et
dōc il commenca a dire ie rens
graces aup dieup des biēs quilz
menuoyent car ie scauoye bien ꝗ
auiourdhuy ie trouueroyes quel/
que viande delicieuse. Adōcqs il
sapprochsa de la iument ꝗ luy dist
cettes ma seur ie mengeray tō en
fāt ꝗ la iumēt luy respondit. mon
frere faiz ce quil te plaira maisie
te prie ꝗ tu me vueiles faire vng
plaisir. Iay ouy dire que tu es bō
cyrurgien/pourqꝛoy ie te prie ꝗ
tu me vueilles garir de mon pied
car mon doulp frere en chemināt
par la forest il mest entre vne es/
pine au pie de derriere. Laqlle ma
fait grant mal/pource ie te prie
que tu me la vueilles tirer auant

que tu mēges mon poullain. Le
loup luy respondit ie le feray tres
voulentiers monstre mon tō pie
Et ainsi quelle luy monstroit et
le luy bailla si grant coup de pie
au fronc quelle luy rompit toute
la ceruelle/ꝗ pource son poullain
fut saulue ꝗ le lou de noula grāt
espace de temps tout estendu. Et
quant il eut reprins couraige il
cōmenca a dire/ il ne men chault
de cecy/car ie seray au iourdhuy
saoulle de bōne viande et precieu
se. Et en disant ces parolles il se
leua et sen alla/et en cheminant
il rēcontra deup moutōs en vng
pre lesquelz se heurtoient et dist ꝗ
soymesmes dieu soit loue car mē
tenant ie seray disne. Et dist aup
moutons ie mēgeray lūg de vo⁹
deup/et lung des moutons deist.
Mōseigneur faictes tout ce quil
vous plaira/mais donnez nous
la sentence dūg proces leꝗl nous
auons ensemble/ꝗ le loup leur res
pondit quil le feroit voulentiers
Adōc lūg deup dist/monseigneur
cestuy pre fut a nostre pere qui est
mort sans faire son testament/
nous sommes en debat du parta
ge/par quoy nous te prions que
nous vueilles accorder affin que
pl⁹ nous ne heurtons. Adonc le
loup demanda aup moutons cō
se poura accorder et lūg deup dist
bie par vne facon que ie te diray
sil te plaist a moy escouter Nous.
deup serōs aup deup boutz du pre

et tu seras au meilleu Et du bout
du pꝛe nous cõmencerõs a courir
vers toy ⁊ le premier venu a toy
sera seigneur du pꝛe/ et lautre se
ra a toy. Et bien deist le loup cest
tresbien aduise ie͏n suis bien con
tens Adonc les deux moutons se
allerent au bout du pꝛe et cõmen
cerenta courir vers le loup Et de
toute leur foꝛce luy vindꝛent don
ner si grant coup cõtre les costes
que a peu que ilz ne luy creuerent
le cueur ou ventre. Et cheut la le
loup tout pasme/et les moutons
sen allerent. Et quant il fut gua
ry li sen alla en disant Il ne men
chault de ceste iniure/car ie man
gerap auiourdhay viande precy
euse comme mon cul ma chante.
Apꝛes il ne chemia gueres que il
rencontra vne trupe aues ses pe
tis cochons ⁊ incontinẽt commẽ
ca a dire en ceste maniere. Loue
soit dieu car ie mengeray auiour
dhuy de bonnes viandes ⁊ auray
bonne foꝛtune/et en parlant sap
pꝛoucha de la trupe ⁊ luy dist. Il
fault que ie mange tes cochons ⁊
la trupe luy dist tout ainsi quil te
plaira/mais deuant que les men
ges ie te pꝛie quilz soyent baptisez
Et il luy dist baille moy de leaue
et ie les baptiseray Loꝛs la trupe
le mena en vng estanc pꝛes dung
moulin et luy dist. Voicy le lieu
ou tu les laueras Et ainsi que le
loup estoit sur la planche et vou
loit pꝛendꝛe de leaue/⁊ la trupe se

bouta du gꝛoing en leaue et la roi
deur de leaue le mena soubz la roe
du moullin/ ⁊ dieu scait se les ait
les du moulin le gallerent bien ⁊
sil fust bien baigne. Mais au mi
eulx quil peut il eschapa disãt en
ceste maniere. Il ne men chault
de si peu de bõte/car ie nẽ sairay
point a estre auiourdhay saoulle
de bonnes viandes comme mon
cul ma chantez ainsi quil passoit
par la rue il apperceut des bꝛebis
en vne estable ⁊ quant elles le vi
rent elles se musserent dedans ⁊
quãt il fut eupꝛes elles il leur dist
dieu vous gard oꝛ ca il fault que
ie mange lune de vous affin que
ie soye saoulle. Adõc lune des bꝛe
bis dist certes mõseigneur vous
estes venu bien à point/car nous
sõmes icy pour celebꝛer vne gran
de sollẽpnite pourquoy nous vo͏9
pꝛions que chanties pontificale
ment ⁊ apꝛes le seruice faictes ce
quil vous plaira de luy de nous
et par vaine gloire faignãt le pꝛe
lat cõmenca a chanter et vdler de
uãt toutes les bꝛebis. Loꝛs les hõ
mes du villaige ouyrent la vol͏p
⁊ y vindꝛent to͏9 auec de gꝛãs chi
ens et auec gros bastõs nauerẽt
le loup mꝛueille ⁊ semẽt quasi a
moꝛt et a gꝛãt peine se pouoyt al
ler. Adõc il sen alla dessoubz vng
arbꝛe ou mieulx quil peut sur le
quel auoit vng homme qui estoit
des entes Et le loup commẽca a
plaindꝛe et lamẽter ses foꝛtunes

en disāt. Ha iupiter quātz maulx
apie auiourdhuy euz et quantes
fortunes mais ie suppose bīȝ que
ce soit par moy et par mō orgueil
leup penser/car auiourdhuy say
trouue vng sac plain de gresse et
ne lay daigne leuer ⁊ puis ay tro
ue du sart et nen ay point voulu
menger de peur de auoir soif. Et
pourtant sil men est mal prins il
est bien employe mon pere ne fut
point medecine nay point aprins
ne estudie en medecine/pourtant
sil men est mal prins cest bien em
ploye/⁊ quant say voulu oster les
pine du pied de la iument. Aussi
mon pere ne fut point legiste Et
ie say voulu estre et si nay point
aprins les loip/pource sil me est
mal prins il est tresbien employe
Encore plus ie ne scay lire ne es
cripre ⁊ ay voulu faire du cure et
baptiser des cochons. Et sil men
est mal pris il est tresbien ⁊ploye
Et mon pere ne fut oncques pa-
triarche ne clerc settre, ⁊ ay vou
lu celebrer les sacrifices ⁊ faire le
prelat:mais ien ay este tresbien
frote ⁊ est tresbien employe O iu
piter ie suisdigne dauoir vne grā
de pugnitiō quant say offence en
tant de facons enuoye moy vne
glaine de ton trosne diuin lequel
me pugnisse et batte moult fort
par penitence/car ie suis digne de
recepuoir vne grande discipline
Et le bon hōme qui estoit sur lar
bre qui entoit ses entes escoutoit

bien ses deuises et ne disoit mot.
Et quant le loup eut faictes ses
complainctes et lamentations le
bon homme print sa coignee dōt
il auoit esbranche larbre et la iet
ta sur ledit loup tant quil tourna
sen dessus dessoubz cōme se il fust
mort. Apres il se releua ⁊ commē
ca a regarder vers ciel et il dist.
Ha iupiter ie voy bie maintenāt
que tu as espaulce ma priere ⁊ dit
lhomme dessus larbre ⁊ il cuidoit
que ce fust iupiter. Et de toute sa
puissāce sen courut au boys tout
ainsi nante quil estoit et la se ten
dit en plus grande humilite q ia
mais nauoit este. Par ceste fable
chascun peult veoir que moult te
ste de ce que fol pense/car soy ne te
tourne pas quant on veust/et ce
demonstre que on ne se doit point
vanter de ingerer de chose que on
ne scait faire mais chascul se doit
gouuerner selon sa faculte et selō
son estat.

¶ La .vi. fable est du chi
en enuieulp

Ol ne doit auoir enuie
du bien dautruy ne du
bien lequel ne luy peut
proufiter. Ainsi que dit ceste fa
ble dung chié enuieulp qui estoit
en vne estable de beufz qui estoit
plaine de foing ⁊ le chien gardoit
les beufz dentrer en leur estable:
pource quilz ne mengeussent de ce
l oing. Les beufz luy dirent tu es

bien mauluais
bauoit enuie du
Bien lequel no9
eft hecefſatre Et
tu nē as que fai
re/car ta nature
neſt pas de men
ger du foing aiſ
ſi fuiſoit ildung
gras os quil te
noit en ſa gueul
le qne le Boulſoit
laiſſer a Bng au
tre Et pourtant
gatde toy de la
compaignie des

enuieulx/car auoit a faite a luy   pert deſucifer
eſt choſe petilleuſe comme il ap

¶La. pti. eſt du loup et du chien affume

Et cupde
auqlcfois
gaigner qui pert
comme il apert
pceſte fable car
lō dit commune
mēt que plus dſ
pent chiche q̃ lar
ge. Ainfi quil a
pert par ceſte fa
ble dūg homme
qui auopt Bng
grāt parc de bre
Bis q auoit Bng
chiē quil tenoit
auec ſes brebis
pour les deffēdre deſloups mais
il ne bonnoit point a bemy a mē
ger au chien qui gatdoit ſes bre

bis pour la grande auarice qui eſ
toit en luy Et pource Bng iour le
loup ſen Bint au chien q puis lup

demanda la cause pourquoy il es-
toit si maigre le loup bien que tu
meurs de faim/car ton maistre ne
te donne point a menger mais se
tu me veulx croire ie te donneray
bon conseil Le chien luy respondit
Certes iay bon mestier de bon con-
seil. Adonc le loup luy dist Voicy
que tu feras/laisse moy prendre
vng aignel et quant ie louray pris
le men fuiray et quant tu me ver-
ras fuir fais semblant de courrir
apres moy et en fuyant laisse toy
cheoir faignant que tu ne me puis-
ses attaindre par force de faim et
de foiblesse de corps et porce quant
le bergier verra/que tu ne le me
pourras oster il dira a ton mais-
tre que tu nas peu secourrir lay-
gnel pource q tu es fort affame
et par ce moyen lon te donnera fort
a menger Adonc le chien saccorda
ou loup et fist chascun son person-
nage comme dessus est dit Et quant
les bergiers virent cheoir le chien
presupposerent que cestoit de faim
et de foiblesse. Et quant lung des
bergiers fut au soir retourne a la
maison de son maistre il luy dist
Et adonc le maistre luy dist com-
me sil fast tout courrouce le veulx
que desormais quil ait son saoul
de pain et de souppe. Adonc onlut
fist de la souppe tous les iours et
luy fist on de bon gros pain le chi-
en reprint force et vigueur Or ad-
vint que vng bien peu de temps
aps le loup reuint au chien et luy

dist iappercoy bien que ie tay bon
ne bon conseil/le chien luy dist mon
frere il est vray dont ie remercye
car il mestoit bien necessaire Adonc
dist le loup au chien Se tu veulx
ie te te donneray encore bien mei
leur. Et le chien si luy respondit
Tresvoulentiers ie tescouteray
et sil mest bon ie le retiendray Et
adonc le loup lui dist Laisse moy
encores prendre vng autre aignel
et fais toute ta puissance de le me
oster et me mordras ie te gecteray
par terre comme celluy qui na en-
cores point de puissance/sans te
faire mal/croy moy hardyement
et il ten viendra vng grant bien
Car quant les seruiteurs auront
apperceu et veu ta diligence ilz le
diront a ton maistre et diront que
tu garderas bien son parc/et que
tu fais tresbonne diligence Alors
le chien fut content et aussi ainsi com
me il fut dit il fut fait et tous deux
firent bonne diligence et le loup em
porta laignel et le chien courrut a
pres et luy donna des dens a bon
escient et le loup si print le chien et
le gecta contre terre Et quant les
pasteurs virent ce ilz dirent cer-
tes nous auons vng bon chien et
le complerent a leur maistre com
ment il auoit combatu le loup et ql
auoit este tue par terre et dirent q
sil eust assez a menger le loup fust
demoure/adonc le maistre comma
da a luy donner a menger et grant
habondance Dont le chien reprint

force et vertu et ung peu de teps
apres le loup reuint au chien et si
luy dist. Mon frere ne tay ie pas
donne bon conseil. Et le chien luy
dist certes mon frere ouy dont ie te
remercie et le loup luy dist. Je te
prie mon frere que tu me donnes
encore ung autre aignel et certes
suffise toy dist le chien den auoyt
eu deulx lors le loup luy dist quil
en auroit encores ung pour son
sallaire. Adonc le chien respondit
et luy dist No auras par ma foy
nas tu pas eu bon salaire dauoit
eu deulx aygneaulx du troppeau
de mon maistre. Adoc le loup luy
respondit Mo frere donne le moy
sil te plaist. Et le chien luy respon
dit Je ne le te donneray point et se
tu le prens Je te promectz que tu
ne mengeras iamais aignel Adoc

le loup luy respondit et dist Helas
mon frere ie meurs de faim coseil
le moy pour dieu que ie doy faire
Et le chie luy dist ie te coseileray
bien le mur du celier de monmai
stre est tumbe ceste nuyt Viens y
et boy et mange tout a ton plaisir
car il ya assez de pain et de vin. A
donc le loup y vint et y beut et me
ga tant quil fut yure. Lors il dist
en soymesmes. Quat les vilais
ont bie beu et bien mange ilz cha
tent pourquoy donc ne chanteray
ie. Adonc il commenca a chanter
et vrler tant que tous les chiens
sonirent Adoc les chiens firent as
sembler les gens q vindrent tuer
le loup au celier Et pourtant nul
ne doyt pas faire chose qui soit co
tre nature comme du fou qui fut
occis par son furesse

Celluy sa
ge qui pour auoir
sa plaisance prent
noise et debat com
me il appert par
ceste fable Dung
homme qui auoit
troys enfans et a
lheure de sa mort
leur donna son he
ritaige. Cestassa
uoir ung peri et
ung bouc et ung
moullin. Quant
leur pere fut mort

les trois freres conuindrent tous
trois deuant le iuge pour partay
ger leur heritaige ҩ dirēt au iuge
Monseigneur le iuge nostre pere
est mort lequel nous a laisse ses
heritaiges ҩ a dōne autāt a lung
comme il a faict a lautre. Adōc le
iuge leur demanda quel heritai=
ge ce stoit et ilz respondirent ῦng
poirier ῦng bouc ҩ ῦng moullin.
Le iuge leur dist il est difficille de
mettre les parties esgales/mais
dictes comment il se pourroit fai
re a ῦostre aduis. Le plus anciē
dist le prēdray du poirier trestout
le courbe ҩ trestout le droit. Le se
cond dist ie prendray tout le verd
et tout le sec/et le tiers. Je pren=
dray toutes les racines la pille ҩ
toutes les brāches/ ҩ le iuge leur
deist de ῦous q̄ scaura dire lequel
en a le plus il sera maistre Car ie
ne scaurope pas iuger ne homme
qui soit ҩ puis le iuge leur demā=
da ῦostre pere a il deuise le bouc
ҩ ilz birent celup qui scaura faire
la plus grant priere du bouc il se
ra siē Adonc le premier commen
ca a dire or pleust a dieu que ledit
bouc fust si grant quil peust boire
toute leoue de la mer Le secōddist
q̄ tout le chanure et le ling et aus
si toute la laine du monde fust en
ῦng fillet ҩ que le bouc fast aussi
grant comme cestup fillet. Et le
tiers dist ie ῦoudrope que le bouc
fust aussi grāt comme sil y auoit

ῦng aygle au plus hault du ciel
q̄ occupast le lieu ou laigle pour
roit ῦoir en haultesse et lōgueur
et en largeur/et adōc le iuge leur
dist lequel de ῦous a fait la plus
belle priere. Certainement nul ne
scauroit dire et pource sera a cel=
lup qui dira la ῦerite. Et le mou
lin comment le ῦous a deuise ῦo
stre pere q̄ ῦous le prenez/ҩ ilz di
tent le moullin sera ou meilleur
mensongier҃ le plus grant partes
seulx. Le premier dist le moullin
sera mien. Je suis paresseulx que
si ῦigt ans iestope a ῦng degout
dune maison ie souffrope biē q̄l
le me pourrist tout le corps auāt
que ie men pattisse. Le secōd dist
ie suis plus mensongier. et partes
seulx cār se iauois la plus grant
fain que iamais eut hōme et leus
se habondance de toutes ῦiandes
si nen mengerope ie ia qui ne mē
mettroit en la bouche Le tiers dit
ie suis si paresseulx q̄ se ie stoie
en leaue iusques au mentō pour
boire si mourrops plustost de soif
q̄ ie baillasse le mētō pour boire
῁ne goute. adōc le iuge leur deist
῁ous ne scaues que ῦous dictes
ne moy ne ῦng autre ne ῦo᷑ scau
roit entendre/pquōy ie remetz la
cause en ῦoz mains. Et ainsi se
allerent sans auoir sentēce car de
folle demande folle responce. Et
pource ceulx sont folz qui plaidēt
en ῦain car pour peu de chose peu
de plaicit

ฬ.t.

¶ La .viii. fable est du loup
et du regnart

Ul ne doibt estre mini
stre que il nait este pre
mierement disciple cõ
me il appart par ceste fable dung
regnart lequel vint au loup et lui
dist monseigneur ie te prie que tu
soyes mon compere et il respondit
ie suis content Lors le regnart luy
bailla son pout pour endoctriner et
le regnart le mena sur vne haulte
montaigne et luy dist. Quãt les
bestes viendront aux champs ap
pelle moy et le regnart va regar
der sur la montaigne et vit venir
les bestes aux champs. Adoncques
il cria au loup et dist. Ho parrin
les bestes sõt aux champs et quel
les bestes dist le loup les vaches et
les pourceaulx et le loup luy deist
ie nen ay cure les chiês y sont. Et
le regnart retourna et il vit venir
les iumens et il lalla dire au loup
Lors ilz saprocherent des iumés
et le loup apperceut vng bien ieu
ne poulain et le happa par les na
tilles et leporta aux boys et le mẽ
gerent tous deux ensẽble Quant
ilz leurent mengie le fi'eul dist au
parrin a dieu vois commãde ie
vous remercye de voste bonne
doctrine car vous mauez bien en
seigne et suis vng tresgrant clere
ie men vueil aller veoyr ma me
re le loup luy dist. Se tu ten vas
tu ten repentiras/car tu nas pas
biẽ estudie et ne scais pas tes silo

disines. Ha mõ parrain dist le re
gnart ie scay biẽ tout. Et le loup
luy dist puis que tu ten veulx al
ler a dieu te command. Quãt il
fut a sa mere elle luy deist/certes
mon filz tu nas pas assez estudie
et il dist. Ie suis si bon clere q̃ ie
scay geter le dyable du corps/al
lons chasser pour veoyr si iay riẽ
apprins il cuidoit faire comme sõ
parain auoit fait et dist a sa mere
Faictes bon guet et quant les be
stes seront aux champs dictes le
moy la mere si sit le guet et quant
les bestes furent aux champs La
mere dist mõ filz les vaches et les
pourceaulx vont aux chãps et
il dist ie nẽ ay cure les chiẽs y sõt
aps la mere vit venir les iumẽs
et elle luy dist mon filz les iumẽs
sont au pl⁹ pres du boys et il deist
ce sont bonnes nouuelles demou
tez sa/car ie vois querir a disner
et entra dedãs le boys et voullut
ainsi faire comme son parrain et
vint prẽdre vne iument p̃ les na
tilles et la iument sẽpoi gna des
dẽs et le porta vers les pasteurs
et la mere crioit a haulte voix mõ
enfãt/mais le regnart ne pouoit
crier car la iument le serroit des
dens. Et aussi quãt les pasteurs
le voulurent faire mourir la me
re va crier Helas mon filz tu nas
pas biẽ apprins ne nas este assez
a lescolle quoy te fault il mourir
poutemẽt et les past⁹es se tueret
pourtant nul ne se doit faire mal

Rant folye
eſt a vng fol
qui na point de
peur de vouloit
tromper plusfort
trôpeur que luy
Ainſi que dit ceſ-
te fable dung pe-
re de famille qui
auoit vng grant
troppeau de bre-
bis et vng chien
fort et puiſſant
pour les garder
Or aduint que
par vieilleſſe le
chien ſe laiſſa mourir dont les pa-
ſteurs en furent fort marris Car
ilz noſoient dormir de paour des
loups. Adonc il y eut vng grant
mouton fort orgueilleux Lequel
eſcoutoit parler les bergiers ⁊ ſen
vint a eulx et leur diſt. Je vous
donneray bon conſeil tondez moy
et me veſtes de la peau du chien
et quant les loups me verront ilz
autôt peur de moy ce qui fut fait
Et quant les loups vindrent et
ilz virent le mouton veſtu de la
peau du chien ilz commencerent
tous a fuyr. Aduint vng iour q̃
vng loup fort affame vint ⁊ prit
vn aigneau adôcques le moutô
veſtu de la peau du chiencommẽ
ca a fuyr apres le loup cuidant q̃
ce fuſt vng chiẽ chia troys fois en

ſen fuyant de peur quil auoit. Et
le mouton qui alloit apres en paſ
ſant par aupres dũg buiſſon deſ
ſira toute la peau du chien Adonc
le loup regarda detriere luy et ap
perceut la deception du moutô et
vint ſaillir ſur luy et luy deman
da/qui es tu ⁊ il luy reſpondit Je
ſuis vng moutõ et n̄re toue a toy
Adonc le loup luy diſt/le doys tu
touer a ton maiſtre ⁊ tu mas fait
chier deſſoubz moy troys foys. A
donc il ſe mena ou il auoit chie et
luy diſt en ceſte maniere. Cecy te
ſemble il ieu. Je ne le pres point
en ieu et ie te mõſtreray cõmẽt tu
ne te dois poit touer a tõ maiſtre
et adonc le loup ſe print et ſe men
gea Et pource celluy qui eſt ſage
dõit biẽ regarder cõmẽt il ſe loue

R.ii.

a son seigneur ne a plus fort que
luy.

¶ La p̃ ri. fable est de l'h̃o
me du lyon et de son filz
C Eluy qui refuse la bonne
doctrine de son pere si luy
en aduient mal ce st droi-
cture. Ainsi que nous recite ceste
fable d'ung laboureur que iadis
viuoit en vng grant desert en la
bourant la terre. Il y auoit en ce
desert vng lyon qui gastoit tou-
te sa terre et la semence que le la-
boureur chascun iour semoit. Et
aussi les arbres quil plantoit Et
pource quil luy portoit grant dom-
mage il fist vne haye a laquelle
il posa les filletz pour le prendre.
Et ainsi que le lyon vne fois en-
tre les autres venoit pour men-
ger le ble il se bouta en vng file et
l'homme vint sur luy et le com-
mença a batre tant que a peine il
eschappa. Et pource que le lyon
voyoit quil ne pouoit eschauer la
subtilite de l'homme il print son
filz et sen alla en vne aultre regi-
on vng peu de temps apres que le
lyon fut deuenu grãt et fort il de-
manda a son pere. Sommes no⁹
de ce pays/nõ dist il nous sõmes
suys de nostre pays/et il luy de-
manda pourquoy/et son pere luy
respondit pour l'engin de l'homme
et il luy demanda. Qui est celay
homme/et le pere luy dist/ il nest
pas si puissant que nous. mais il
est plus ingenieux que nous Et

adonc le filz luy dist le men vray
maintenãt venger de luy pere/ et
le pere luy dist ny va pas car se tu
y vas tu feras que fol Et il respõ-
dit par ma foy ie y vray et verray
quil scait faire/ et ainsi quil alloit
pour trouuer l'homme il rencon-
tra vng beuf et vng cheual tous
escorchez sur le dos en vng pre et
il leur dist en ceste maniere/ mes-
seigneurs qui vous a ainsi escor-
chez et ilz luy dirent ce a este l'hom-
me. Adonc il dist Voicy vne mer-
ueilleuse chose ie vous prie q̃ le
me monstrez et ilz luy vont mon-
strer vng laboureur qui labou-
roit. Et le lyon incontinent sans
dire mot sen vint vers l'homme
et luy dist ha homme tu as faict
beaucop de maulx a moy et a mõ
pere et pareillement a noz bestes
par quoy ie dis que tu me faces iu-
stice et l'homme luy respondit. Ie
te prometz que se tu approches de
moy q̃ ie te tueray de ceste grosse
masse et de ce cousteau ie t'escorche
ray. Et le lyon luy dist. Biens t'en
donc auecques moy deuant mon
pere/ et pource quil est roy il nous
fera iustice Adonc l'homme dist ie
suis content/ mais que tu me iu-
res que tu ne me toucheras iusq̃s
a ce que ie soye en la presence de tõ
pere. Et par ainsi le lyon et l'hom-
me iurerent filg a l'autre et sen al-
lerent au grant lyon/ et incõtinent
l'homme commença a cheminer
par le lieu ou il auoit pose ses fil

lez/et ainſi quilz alloyent le lyon
ſe laiſſa tumber les deux piedz de
dans ung lacz/et pource quil ne
pouoit plus cheminer il diſt a lhõ
me. Cha homme ie prie que tu
me ueilles ayder/car ie ne puis
plus cheminer/et il luy reſpondict
ie tay iure que ie ne te toucheroye
iuſques a ce que te ſeroye en la p̃
ſence de ton pere. Et ainſi que le
lyon cuydoit eſchapper il tumba
en ung autre fille. Adonc il com
menca a crier a lhõme deſlye moy

et il le commenca a frapper ſur la
teſte/quãt le lyon uit quil ne pou
oit eſchapper il diſt Ie te prie que
tu ne me frappes plus ſur la teſte
mais ſur les oreilles/pource que
ie nay pas retenu le cõſeil de mõ
pere/adonc lhomme le frappa au
cueur et le tua Laquelle choſe ad
uient ſouuent a pluſieurs enfãs
qui ſont penduz et eſtrãglez pour
la cauſe quilz ne ueullent point
obeyr ne croire la doctrine de le9
peres et meres.

La .vii. fable eſt du cheualier et ſon
uarlet qui trouuerent ung regnart.

Pluſieurs
gens ſont
q̃ par leur grant
menſonge cuy/
dẽt eſbahir tout
le monde/telle
ment que la fin
pluſieurs men/
ſonges ſont ma
gnifeſtes. Ainſi
que il apert par
ceſte fable dung
cheualier qui ia
dis ſen alloyt eſ
batre p̃ le pays
auec ung prici

pal de ſes ſeruiteurs et en cheuau
chant trouuerent ung regnart.
Adonc le cheualier commenca a
dire a ſon uarlet en uerite ie uoy
ung regnart Et le uarlet luy reſ
pondit monſeigneur uous dictes
merueilles Iay eſte en une regi

on ou les regnars ſont plus grãs
que ung beuf. Adonc le cheualier
luy diſt en ſe mocquant. En uerl
tite leurs peaulx ſeroient bonnes
a faire des manteaulx ſe les pel
letiers les pouoyent auoir Et ain
ſi quilz cheuauchoient tumberent

R.iii

en plusieurs parolles et deuises, et apres que le seigneur cogneut la grãt mensonge de sonseruiteur pour luy faire peur se commenca a mettre en oraison disant en ceste maniere. Ha iupiter dieu tout puissant ie te prie ᶓ requier que tu nous vueilles auiourdhuy aider ᶓ garder de mensonges affin que nous puissons passer ce fleuue et ceste grosse riuiere qui est icy deuant nous et que nous puissons aller seurement a nostre maison. Et quant le varlet ouyt la pryere de son maistre il fut bien esbahy et luy demanda pourquoy il prioit dieu si deuotemẽt et il lui respondit ne scais tu pas bien quil est notoire quil nous fault passer vne tresgrande riuiere / et celluy qui aura dit mensonge dela tour nee / et y entrera iamais ne partira desquelles parolles le seruiteur fut bien esbahy et esprouente. Et apres que ilz eurent vng peu chemine ilz trouuerent vne petite riuiere / pourquoy le varlet demanda a son maistre. Mon maistre esse cy ceste grãde riuiere que nous deuõs passer Non dist le maistre elle est plus grande et plus large ᶓ le varlet luy dist. Mõseigneur ie le dy pource que le regnart dequoy ie vous ay auiourdhuy parle ne stoit pas si tresgrant comme vng veau, Adonc le seigneur oyant la dissimulation de son seruiteur il ne respondit mot. Et ainsi

cheminerent tant ᶓ si longuemẽt quilz en trouuerẽt encore vne autre riuiere, Adonc le varlet demãda a son seigneur. Monseigneur esse cy ceste riuiere / nenny deist le cheualier / mais nous y serõs tãtostHa mõseigneur ie te dy pource que le regnart dõt ie vous ay auiourdhuy parle nestoit pas plus grant que vng mouton / ᶓ quant ilz eurẽt chemine iusques au soir ilz viendrent a trouuer vne tresgrande riuiere et fort large. Et quant le varlet la vit il commẽca a trembler ᶓ demanda a sõ seigneur / est ce cy la riuiere / ouy dist le cheualier / Ha mõseigneur le regnart dont ie vous ay parle ne stoit pas plus grãt que celuy que nous auons veu parquoy ie con gnoys et confesse mon pechẽ et le cheuallier commenca a rire en disant Saichez aussi que ceste riuie te nest pas pire que celle que nous auõs veu ᶓ passer dernierement Et le varlet fut moult honteux et vergongneux pource que il ne pouoit plus recouurer sa menson ge. Et pource cest belle chose de dire verite Car vng menteur est tousiours trompe et sa mensonge magnifestee et tournee sur luy et a son dommaige.

¶ Cy apres sensuyuent aulcu nes fables desope selon la nou uelle translation ᶓ ne sont pas trouuees es liures de romulus

❡ La premiere fable est de laigle et du corbeau

ON ne se
doibt inge
rer de faire chose
ou il ya danger
sil ne se sçt asses
fort comme il ap
pert par ceste fa-
ble. Dilg aygle
lequel en volant
print ung aygne
au dont le corbe
au eut enuie. Et
adonc le corbeau
vint au troppe-
au de moutons
sur lequel par sõ
orgueil descẽdit & frapa ung des
moutons en telle maniere que sa
griffe et luy demourerẽt en la toi
son du mouton tant ql ne se peult
oncqs rauoir Et adõc le pastour
tout incõtinãt luy osta les aelles

et le pozta a ſes enfans pour eulp
louer. Et puis aꝑs le paſteut lui
demanda quel oyſeau il eſtoit Et
le cozbeau lui diſt Je cuidoie eſtre
ꝟng aigle et par mon oultrecuy
dance cuidoye pzendze ꝟng aignel
ainſi que laigle et maintenant ie
congnois bien que ie ſuis ꝟng coz
beau et congnoys bien que le foi
ble ne ſe doit point acomparager
au fozt/Car qui ꝟeult faire choſe
qui ne peult ſouuent tôbe en grât
deſhonneur p a grant dommaige
comme il apert dulg cozbeau qui
penſoit eſt̄e auſſi fozt côe laigle

℟La ti. fable eſt de laygle et
de la mullotte

DE pour quelque puiſſance
quil ayt ne doit point depzi
ſez aultruy comme il appert par
ceſte fable Dung aigle qui iadis
chaſſoit apꝛes ꝟng lieute et pour
ce quil ne pouoit pas teſiſter con
tre demanda ayde a la moullette
laꝗlle le print en ſa garde et pour
ce que laygle vit la mullote ſi pe
tite il la deſpzſa ꝗ pzint le lieute
deuant elle. Dôt elle fut treſfozt
courroucee et alla regarder le nid
de laigle leꝗl eſtoit ſur ꝟng hault
aꝛbze ſur lequel elle monta ꝗ geta
tous ſes petis du hault de laꝛbze
au bas dont laigle fut moult cou
roucee aꝑs elle alla dite a iupiter
que il luy donnaſt ꝟng lieu pour
couuer ſes petis pouſſins/et iupi
ter luy donna que quât le têmps

denfantet ſetoit ꝟenu quelle enfâ
taſt en ſon ſain quant la mulote
congneut cela elle ſepzint a amaſ
ſer ꝟng grant monceau dozdure
ſi haulte ꝗlle fut aſſez haulte poꝛ
ſe laiſſer tumber dedans le ſoing
de iupiter. Et quât iupiter ſentit
lozdure il commenca a ſecoure ſô
ſoing ꝗ les oeufz de laigle auecla
mullote tomberent a terre ꝗ furēt
tous rompus et quant laygle le
ſceut elle ꝟoua que iamais neſâ
teroit quant la mullotte enfante
roit. Et pource nul ne doyt point
depziſer aultruy. Car il neſt ſi pe
tit quil aulcune ffois ne puiſſe bi∉
nuyre ꝗ ſe ꝟēger en lieu ꝗ en têps
et pource ne fays a nul deſplaiſir
affin que deſplaiſir ne te ꝟiegne

℟La iii. fable eſt du te
gnart et du bouc

CElup qui eſt ſaige doit
tegatder la ſin pzemier
que il face ſocuure côe
il apert p ceſte fable dulg regnart
et dung bouc ꝗ iadis deſcendirent
en ꝟng puis pour boire/ꝗ quant
ilz eurêt bien beu pource quilz ne
ſcauoiēt ſaillir du puis le regnart
diſt au bouc. Mon amp ſe tu me
ꝟeulp aydet nous ſaillirons bi∉
toſt dicy/car ſe tu ꝟeulp appuyer
tous les deup piedz de dettiere/et
tu lieues auſſi les deup piedz dď
uât ſur le mur ie ſaulteray dehoꝛs
et quant ie ſetay dehoꝛs ie te pzen
dzay ꝗ te getteray dehaꝛs ꝗ le bouc

fut biē contēt se mist sur les deup
piedz ꝗ le regnart par sa grāt ma
lice fist tāt quil saura dehors/e
quant il fut dehors Il regarda le
bouc ou puyꜱꝗ le bouc lup dist ap
de moy comme tu mas promys.
Adonc le regnart cōmenca a crier
et se mocquer de luy en lup disāt
en ceste maniere.Ha maistre se tu
cusses esté bien saige tu tusses re
garde comment tu pourroys sor
tir du puys auant quant tu p sus
ses entrer pourquoy celuy qui sai
gement se veult gouuerner dopt
regarder la fin de son oeuure

¶ La quatriesme fable du chat et du poullet

CElluy est
faulp de sa
nature qui a com
mence a deceuoir
tousiours veult
faire son mestier
comme il appert
p ceste fable disg
chat qui prit vng
poulet ꝗ commen
ca fort a le blas
mer cupdāt trou
uer cause d le mā
ger ꝗ lup dist. Di
enca poullet tu
ne fays que crier
toute nupt et ne laisses point dor
mir les hommes Adonc le poulet
respōdit ie le fays pour leur grāt
prouffit de recheifle chat lup dist
encores y a biē pis car tu es inscy
te car tu conxnois naturellemēt
la mere ꝗ la fille Ie le fays pour
auoir des oeufz ꝗ mō maistre mē
donne scaic ꝗ mere pour multiply
er ꝗ auoit des oeufz Et le chat lui
dist par mā foy compere tu as as
sez eu de excusations mais tu pas
seras par ma gorge le nētes pas
ꝗ auiourdhup te dopue iensuiet p

tes parolles ꝗ ainsi est il de celup
qui a aconstame de viure de rapi
ne car il ne sen peult garder

¶ La .v. fable est du regnart et du buysson

Dy ne doit poit demā
der apde a celuy qui a
aconstame de nupre et
nō pas de prouffiter cōme il ap
pert disg regnart lequel pour eui
ter le dāgier destre prins monta
sur vng buysson despines auquel
moult grandement se blessa/et en
f.i.

plourant dist au buisson. Ie suis
venu a toy pour me sauluer z tu
mas blesse iusques a la mort dõc
le buisson luy dist tu as erre et si
taduses/car tu me cuidoyes pren-

dre aisi que tu auoys acoustume
de prendre les gelines z pource il
ne fault point ayder a celuy qui a
acoustume de faire mal

¶ La. Vi. fable de lhõme et de son dieu de boys

Aucunes-
fois lhõ-
me mau-
nais pfist. tte nest
pas de son bõ gre
mais par force cõ-
me il appert pec-
ste fable Dilg hõ-
me q'auoit en sa
maisõ vne ydolle
ql adoroit sonne-
sesfois comme sõ
dieu z pryoit quil
luy dõnast des bi-
ens z tant pl' pri-
oit z pl' tõbeit en
pourete parquoy il fut bien cour-
rouce contre son ydolle et la print
par les iambes z lui dõna si grãt
coup de la teste cõtre le mur quil
la rompit z mist par pieces de la
quelle il saillit vng grant tresor
dont lhomme fut biẽ ioyeulx. Et
lors dist a son ydolle ie cõgnoys
biẽ maintenant que tu es puers
z mauluais car quant ie tay ado-
re et honore tu ne mas pas faiet
ayde et moitenant quant ie tay
batu tu mas bien faiet Et pource
qu.il lhomme mauluais fait bi-
es nest pas de sa voulente

La. Vii. du pescheur et du pe-
tit poisson

TOutes choses qui sont fai-
ctes en tẽps et en bonne sai-
son sont bonnes et biẽ faictes cõ-
me il appert par ceste fable dung
pescheur q autresfois touchoit sa
musette aupres de la riuiere pour
faire dancer les poissons Et apõ-
quant il vit q pour son beau tou-
cher ilz ne voulopent point dãcer
p tresgrant despit et aussi p tres-
grant courroup il getta son filz
dedãs mp la riuiere z en print vne

grant quantite/ et quant il eut get
te son filet a les poissons hors de
la riuiere ilz commenceret a saul
ter et dancer/ adoc le pescheur leue
dist certes il appert bien que vo9
estes tresmauuaises bestes quant

maintenat que vous estes prins
vous dancez et saultez/ et quant
le sonnoye ma musette vous ne
vouliez dancet Et pource il appt
que les choses qui sont faictes en
saison sont faictes par raison

¶ La .viii. est des chatz et des ratz.

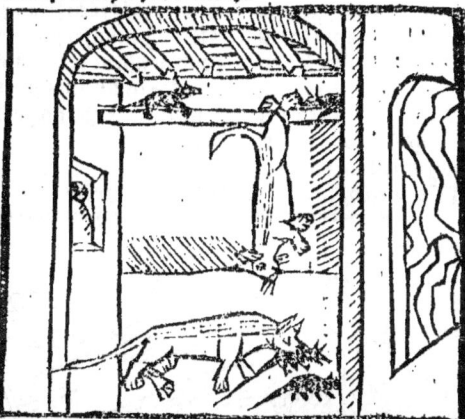

Qui a este
vne foiztro
pe sil est saige il
ne si doit plus fi
er come il appert
par ceste fable cy
De vng chat qui
se alla demourer
en vne maiso ou
il y auoit plusi
eurs ratz lesquelz
il commeca a les
menger lung a
pres laultre . Et
quat les ratz ap
perceurent la cru
aulte du chat ilz tindrent leur con
seil et determinerent tous ensem
ble duing commun accord et vou
loit de non plus eulx tenir en bas
dont lung des pl9 anciens pfera
telles parolles deuant tous mes
freres et amys vous congnoissez
bien que nous auos vng mortel
ennemy qui est persecuteur de no9
aultres touteffois no9 ne pouons
resister contre luy fors quil nous
est necessaire de nous tenir le pt9
hault que nous pourrons. Affin
quil ne nous puisse auoir/ desqlz
les parolles les aultres furent con

tens et creurent son conseil . Et
quant le chat congneut le conseil
des ratz il se pendit par les piedz
de derriere a vne cheuille feignat
estre mort laquelle cheuille estoit
fichee en la paroy. Lors vng rat
regardant du hault en bas quant
il apperceut le chat pendu il com
menca a rire et luy dist. Ha mon
amy ie cuidoisq ta fusses mort ie
descendroie du hault en bas mais
ie te congnois bie si pervers que
tu tes pendu par faintise/ et pour
tant ie ne descedray point encore
Et pourtant celuy qui a este vne

L.ii.

fois trompe dúg aütre et de celup / se doit garder.

℃La.iij.est du labourteur et du pied large

Eeluy qui est prins auec les mauluais doibt souf frir la peine dont ilz sont puignis comme il apert par ceste fable Dunz labourteur qui iadis tendoit ses laz pour prédre les oy es et aussi les grues lesqlles men geolét les blez/ auec lesquelles il print le pie large lequel le pria et uy dist.Mon amp laisse moy al

ler car ie ne suis pas icy venu po² faire mal.Adonc le labourteur cõ menca a dire en ceste maniere Se tu ne fusses acompaigne auec les oyes et les grues tu ne fusses pas Venu a mon fille et si neusse pas este prins.et pourtant tu tes trou ue auec eulp et tu seras pugny de telle pugnition comme eulp. Et pourtát nul ne se doit acõpaigner auec les mauluais se il ne Veult souffrir la pugnition dont ilz sõt pugnis.

℃La.v.est de lenfant qui gardoit les brebis.

Eeluy qui a acoustume de mentir Quant il dit Verite on ne le croit point com me il appert par ce ste fable dung en fant qui gardoit les brebis lequel crioyt souuét sás cause po² dieu ay des moy. Car les loups Veullent mengier touttes mes brebis. ℃Et quant les labourteurs de enuiton ouyzent le cry ilz Venoient a lap de et y Vindzent plusieurs fops. Mais ilz ne trouuoyent riens ilz sen retournoient a leurs laboura ges. Laquelle chose lenfant feist plusieurs fops pour se iouer et ad

uint Vng iour que le loup Vint ₹ adonc lésát crya comme il auoit acoustume. Et pource que les la bouteurs cuydoient ql se truffast ny Vindzent point parquoy le loup les mengea/Car Voulentiers on ne croit point celuy qui a acoustu me de mentir.

¶ La .pi. fable est de la formis et de la columbe.

ON ne doit estre ingrat du bien quon recoyt dautruy ainsi que recite ceste fable dune formis qui descendit en vne fontaine pour boire/et ainsi quelle bouloit boyre elle cheut/et au dessus de elle estoit vne coulombe sur vne arbre et voyant q la formis se noyoit elle luy getta vne branche pour la sauuer et la formis monta sur la branche. Apres vint vng faulconnier pour prendre la coulombe & tandis quil tendoit ses las la formis commenca a le poindre par le pied/il frappa a terre et fist si grant bruit que auant qil eust tendu sa coulombe sen bolla. Et pource nul ne doit oublier le bien fait dautruy/car ingratitude est bien grant pesche

¶ La .pii. fable. est de la mousche et de iupiter

Souuent le mal quon desire a autruy vient a celuy qui le desire ainsi come il a appert du ne mousche qui iadis offrit a iupiter vne piece demyel Dont il fut bien ioyeulx et luy dist demande ce quil te plaira et tu lauras. Et adonc elle dist dieu tout puissant ie te prie q tu me donnes que qui conques predra mon miel que ce luy/que le poindray soit incontinent mort/epource que iupiter aymoit lhumain lignaige luy dist

suffise toy q quiconques pra prendre ton myel si tu le poingz et ton aguillon y demeure tu mourras car aguillon te sera vie Et ainsi sa priere fut tournee a son dommage/car on ne doit demander a dieu sinon chose iuste.

¶ La .piii. fable est du charpentier.

De tant que dieu est plus propice et begnin aux bons de tant pugnist il plus les mauuais comme il appert Dung charpentier qui couppoit du boys sur vne riulere pour faire vng teple aux dieux. Et ainsi quil couppoit sa congnee tumba au fleuue adonc il inuoca les dieux en plourant Et le dieu mercure pour pitie sapareut a luy et luy demanda pourquoy il plouroit & luy monstra vne congnee dor et luy demanda si cestoit sa congnee quil auoit perdue/et il dist que non apres luy en monstra vne autre dargent & aussi dist que non. Et pource que mercure veit quil estoit iuste il luy tira sa congnee et la luy bailla auec plusieurs autres biens Ce charpentier le compta a ses compaignons desquelz lung diceulx vint en ce lieu mesmes pour coupper du boys et laissa cheoir sa congnee en la riuiere. Et commenca a plourer & demanda layde des dieux. Adonc mercure saparut a luy et luy monstra vne congnee dor et luy dema

L.iii.

da esse ce ste cp q̃
tu as perdue, et
il luy respondit
ouy stredieu ceste
elle Et mercure
voyât la mali-
ce du vilain ne
luiballa lüe ne
lautre lè laissât
plourer car dieu
remere les bôs
en ce môd:ou en
lautre ꝗ pugnie
les mauuais.

¶La·viiii·fable est dũ ieune larron
et de sa mere a laq̃lle il coupa le nez.

Elluy
q̃ né est
chastie
qu cõmencemẽt
en la si est mau
uais cõme il ap
pert par ceste fa
ble dang enfant
q̃ en sa ieunesse
cõmẽça a es
tre larron/ꜳ les
larcins quil fai
soit il lesportoit
a sa mere laq̃lle
les pnoit voul
entiers/ et ne se

chastioit point apres ceq̃l eut fait   sa mere le suyuoit en plourant ꞇ
plusieurs larcins il fut prins et   dõc il pria la iustice q̃il parlast
condempne destre pendu/ et ainsi   a sa mere vng mot ou deux ꞇ as
quon le menoit pdre a la iustice   si quil saprocha delle e̅ faisât se

blât de luy Douloit dire Ung mot
en coreille des dés luy attacha le
niez dont la iustice le blasma bien
fort et il leur dist. Messeigneurs
Dous me blasmez a tort Car ma
mere est cause de ma mort car sel
le meust biê chastie ie neusse pas
Benu a ceste Bergongne destre pê
du Car qui biê ayme biê chastie
q pource Dous q auez des enfans
chastiez les bien affin que ainsi ne
Dous en aduienne

La. vB. fable est de lhom
me et dela puce

a Etuy qui fait mal combiê
quil ne soit pas grant onne
le doit point laisser a pugnir com
me il appert par ceste fable dung
homme qui print Une puce qui se
mordoit e la meist en sa main en
disât puce pourquoy ne me laisse
tu dormit/e la puce luy respondit
cest ma nature e pource ie te prie
que tu ne me face point mourir
Lhomme commeca a rire e dist
combien que ne me puisses faire
grant mal touteffois a soy nap
partient pas de me picquer/pour
quoy tu mourras Car on ne doit
laisser nul mal impugnir ne a cor
riger combien que il ne soit pas
grant

La. vB. fable du mary et de ces deux femmes

Il nest rien
pir: alhom
me q la fême cô
me il appt dung
hôme qui auoyt
deux fêmes Une
Vieile e Une ieu
ne/et pource que
la Vieile desiroit
auoit iamos luy
tiroit tos les che
neulx noirs e la
barbe pour luy
ressembler Et la
ieune luy tirot
les bläs affin ql
fust plus ieune et ainsi le bon hôe
fut tout pele. Et pource cest Une
bien grant follie aux anciens de
eulx marier/car a eulx est beau
coup mieulx de non estre mariee
que dauoir Une maufuaise fem
me. Car quant ilz doyuont repo
ser ilz sont en peine et labont

¶ La .vii. fable est du labou
raut et de ses enfans

Celluy qui a labourre conti
nuellement ne peult faillir
quil naist du bien largement com
me il appert dung laboureur qui
toute sa vie auoit labourrez estoit
riche/et quant il mourut il deist a
ses enfans/mes enfans. ie voys
mourir ie laisse mon tresor en ma
vigne Apres ses enfans cuydant
que son tresor fust en sa vigne ne
cessoient de fouy par quoy elle ap
portoit plus de biens que deuant/
car qui bien laboure a du pain et
qui ne laboure meurt de fain

¶ Cy finissent les fables desope & commence la table de auit.

¶ La premiere est de la vieille et du loup

ON ne doyt
point trop
te en tout espe
rit comme il ap
pett par ceste fa
ble dune vieille
qui disoyt a son
enfant pource ql
plouroyt braye
ment situ pleure
encores ie te fe
ray mengeau lou
et le loup estoyt
deuant la porte
attendant de men
ger lenfant. Et

quāt le loup eut beaucoup demou
te il sen retourna au bois a la lou
ue luy dist pourquoy ne mas tu la
porte a menger a il respondit po
ce que la vieille ma trompe qui
mauoyt promis son enfant et el
le ne le ma pas baille pource est
fol qui en femme se fie que bien a
point

¶ La .ii. de la tortue et des
oyseaulx

QUi monte plus hault qui ne
doit bien ne luy doit pas ad
uenit cōe il apert p ceste fable dile
tortue qui distaup oyseaulx. Se
me voullez leuer en lait ie vous
monstreray grā largesse de pier
res precieuses a laigle la prist et
la porta si hault quelle ne veoyt
plus laterre a laigle luy dist mō
stre moy ses pierres precieuses q
tu mas promis de monstrer. Et

pource q la tortue ne veoit riens
laigle congneut quelle estoit de
cceue a de ses ongles la serra et oc
cist car qui veult acqrir honneur
ne le peult faire sans grant labe?.
Et pource qui trop hault monte
qui ne doit de plus hault chet que
il ne vouldroit.

¶ La tierce des deux escreuisses.

QEllup qui corrige aul
truy se doit corriger cō
me il appert dune escre
uice qui vouloit corriger sa fille
de ce qlle nailoit droit a luy dest.
Ma fille il ne me plaist poit q tu
aille ainsi a rebours car il te por
roit bien mal aduenit. Ma mere
ie le feray voulentiers/ mais al
lez deuāt pour me monstrer cōm
me ie dois aller Et la mere ne sca
uoit point aultrement aller/ que
sa propre nature parquoy la fille

M.i.

luy diſt Ma mere aprenez a aller
et puis Vous ma prendres q pour
ce qui veult endoctriner aultruy

doit monſtrer bonne exemple car
grant vergoigne ſe eſt au docteur
quant ſa propre coulpe laccuſe

La .iiii. fable eſt de laſne et de la peau du lyon

NVl ne ſe
doit point
glorifier du bie
daultruy cōme
il appert Dug
aſne qui trouua
la peau dug ly-
onz la veſti dōt
les oreilles luy
aparoiſſoiēt il
ſe fuyt au boys
q quāt les beſtes
le virēt ilz ſe fui
rent cuidāt que
ſe fuſt le liō q ſõ
maiſtre le cher-
choit q alla au boys pour voir ſil
le trouueroit Et incontinēt quil
fut au bois il rencōtra ſon aſne aī
ſi abille dune peau de lion Adonc
ſon maiſtre eut grant peur Mais
quāt il le cōgneut et vit ſes grās
oreilles Alors il luy deiſt ha mai
ſtre aſne tu as veſtu la peau du
lyon tu fais peur aulx beſtes ſau
uaiges mais ſelles te cōgnoiſſoi
ent auſſi bien cōe moy elles nau
royent point peur de toy mais ie
te prometz que tu ſeras treſbien
frotte Adonc luy deſpouilla la pe
au du lyon et print vng gros ba
ſtō q le batit treſbiē Et pource on
ne doit point faire daultruy cupi

large courtoye

La .v. fable eſt de la gre-
noille et du regnart

NVl ne ſe doit iamais vant
ter de faire ce ql ne ſcayt fai
te comme il appert /dune grenoil
le qui iadis pſſoit dung ruyſſeau
et preſumet de montr ſur la mō
taigne. Et quant elle y fut mon
tee elle diſt à toutes les autres be
ſtes. Ie ſuis bonne maiſtreſſe en
medecine et ſcay bien guarir tou
tes playes Et par mō art q auſſi
par ma grāde ſubtillite ie vous
guariray d toutes voz maladies
dōt aucunes la croyant bien Et
adonc le regnart voyāt la grant

folie des bestes commenca a tire
et leur dist pource bestes comme
vous pourra guarir ceste beste q̄
est si orde et si palle. Le medecin
qui veult guerir aultruy se doit

premierement guarir/ Car plusi
eurs sont des medecins qui ne sca
uent mot de medecine/ Desquelz
dieu nous bueille garder

¶La .vi. fable des deux chiens.

Celuy est fol
qui se dōne
vaine gloire de
la chose dont il se
doit humilier cō
me il appert par
ceste fable dung
pere de famille q̄
auoit deux chiēs
dont lūg sās son-
ner mot mordoit
les gens en bais-
sant la queue / et
lautre iapoit q̄ne
mordoit iamais
Quāt le pere de
famille congneut la mauuaistie
du chien qui ne sonnoit mot il lui
pendit vne sonnette au col/affin
de se dōner garde dont il fut orguel
leux q̄ desprisoit tous les autres
Lors vng ancien luy dist ha fau
ce beste ie congnois que tu es fol
car on ta dōne ceste sonnette pour
demōstrer que tu es traistre et tu
cuides loposite et pource on ne se
doit point esiouyr de ce dont on
doit estre traistre.

¶La .vii. du chameau
et de iupiter.

Chascun doit estrecontent de
ce que dieu luy donne com-

me il appert par ceste fable dung
chameau qui se plaignoit a iupi
ter de ce que les aultres bestes se
mocquoiēt de luy pource quil na
uoit pas si grant beaulte comme
elles/pourquoy il supplia a iupi
ter disant en ceste maniere.Beau
sire dieu ie te prie que tu me don
nes cornes affin quon ne se moc
que plus de moy. Et adonc iupi
ter commenca a soubz rire et au
lieu de luy donner cornes luy osta
les oreilles et luy dist tu as plº de
biens qua toy naptient Et pour
ce nu' ne doit desirer plus qui na
affin quil ne perde ce quil a
M.ii.

C La. viii. fable est de
deux compaingz

On ne se doibt point acom
paigner de celuy qui a acou
stume de tromper ainsi que il ap
pert de deux compaignons desq[ue]lz
ladis se acompaignerent pour al
ler par valees et par montai
gnes et po[ur] mieulx faire leur voi
apge ilz firent serment ensemble
de no[n] iamais departir iusques a
la mort. Et une fois ainsi quilz
cheminoient en une forest ilz ren
contrerent ung porc sauluaige et
ilz commencerent a fuyr de peur.
Et lung monta sur une arbre/et
quant lautre vit que son compai
gnon lauoit habandonne il se con
cha a terre faignant estre mort/et
incontinent le pourceau vit pour
le menger. Et pource que le gal
lant ioua bien son personnage le
pourceau sen alla et son compai
gnon descendit de dessus larbre et
luy dist ie te prie dy moy q[ue] ta dict
ce pourceau Et il respondit il ma
dit beaucoup de bo[n]s secretz mais
sur toutes choses il ma dit que ia
mais ie ne me fye en celuy q[ui] ma
une fois deceu.

C La. ix. est de deux ol
les et de deux potz

Le poure ne se doit acom
paigner du riche com
me il appert par ceste
fable de deux olles / dont lune es
toit de metal et lautre de terre.

Lesquelles se rencontrent en une
riuiere Et pource que celle de ter
re alloit plus fort que celle de me
tal elle luy dist ie te prie que nous
aillons nous deux ensemble. Et
celle de terre luy dist/ ie ne vueil
point aller auecques toy. Car il
me p[ro]dzoit mal comme du mor
tier et du voirre/car se tu me ten
controis tu me mettrois enpieces
Et pource se poure est fol qui se
veult acompaigner au riche q[ue] le
foible au puissat car il vault mi
eulx de viure seurement en po
urete que de mourir mauuaise
ment et estre oppresse du riche

C La. dixiesme fable
est du lyon et du tho
reau.

N nest pas tousio[ur]s te[m]ps
de se venger de son enne
my comme il appert de
ung thoreau qui fuyoit deuant
le lyon Et ainsi que le thoreau se
vouloit entrer en une cauerne le
boue le cuyda empescher Et adoc
le thoreau lui dist il n[']est pas te[m]ps
de me venger de toy Car le lyon
me chasse mais le temps viendra
que ie te trouueray bien. Car on
ne doit point faire son dommage
pour soy vengier de son ennemy
Mais doit on garder lieu q[ue] te[m]ps
conuenable pour se venger.

C La. xi. fable est du
chasseur et du tygre.

Beaucop pi
re est vng
coup de lāce ain
si comme il apert
par ceste fable.
Dung chasseur
qui de ses fleches
blecoit les bestes
sauluaiges telle
ment que nulle
ne lui eschappoit
ausquelles le ty
gre disoit Nayez
peur car ie vous
garderay bien.
Et ainsi que le ti

gre vit au boys le chasseur estoit
cache en vng buisson et ainsi que
le tigre passoit le frappa dune fle
che en la cuisse dont il fut fort es
bahy et en plourant et gemissant
dist aux aultres bestes ie ne scay
pas dont vient cecy. Et quant le
regnart le vit si tresesbahi tout en
riāt luy dist ha tigre tu es si fort
et si puissant. Adonc le tigre luy
dist ma force ne ma riens vallu
car de deceptiō nul ne se peult gar
der/et pource se icy a aucun secret
ie ne le scauoye pas. Touteffois
le puis bien concepuoir quil nest
plus mauuaise fleche ne plus nui
sible a lhomme que la langue et
de riens ne se doit on mieulx gar
der. Car quant aulcune personne
prophere quelque mauuaise pa
rolle en la compagnie de quelque
homme de bié la compaignie leur

de que ce que la malle bouche dict
soit vray Touteffois ce sera mē
songe et bourde non pourtant le
bon homme en sera tousiours na
ure et sera icelle playe sans guari
son. Et si se fust vng coup de lan
ce les cyrurgiens le pourroient bi
en guarit Mais vng coup de lā
gue nō pource que incontinent q̄
la parolle est propherée nul nē
est plus maistre et par ainsi vng
coup de langue est sans guarison

¶ La .vi. fable est du sin
ge et de son fils.

L nest chose plus orde q̄
lhomme que de se louer
de sa bouche. Comme il
appert par ceste fable de Jupiter
roy de tout le monde qui fist asse
bler toutes les bestes et oyseaulx
pour scauoit de leur bonte & aussi

M.iii.

leur nature entre toutes lesquel/
les se signe Bint qui presenta son
enfant a iupiter en disant. Beau
sire dieu Boicy la plus belle beste
que tu creas onc/adonc iupiter cō

menca a rire et luy dist Tu es bie
fol de te louer ainsi / car nul ne se
doit louer de soy mesmes. Mais
doit faire bonnes euures/ car cest
chose Bille de se Banter.

¶La.vii.fable est de la grue et du paon.

Dnt quel
que Bertu
que lōayt nul ne
se doit priser ain
si comme il apt
bung pao qui ta
dis dōa a disner
a la grue z le pa
on ppara bien a
disner z en icelui
disner entet gros
ses parolles en
semble dōt le pa
on dist a la grue
tu nas pas sibel
le figure ne si bel
le forme ne si Belles plumes com
me moy/auquel la grue dist il est
Bray neātmois tu nas pas Bng
Bien ne Bne si Belle Bertu que iay
car supose que ie naye pas si bel
les plumes que tu as touteffoys
ie scay mieulx Boller que toy car
auec les Belles plumes il fault q
tu demeures sur la terre z ie peux
Boller ou il me plaist . Et ainsi
chascun doit estre content de ce ql
a sans se louer ne Banter ne des
priser aultruy sil na point de pa
reil Bien que luy.

¶La.viii.fable est des
quatre beufz.

On ne doit point rompre
la foy a son amy ne laif
ser la compagnie ainsi
quil appert par ceste fable de qua
tre beufz qui iadis estoient ensem
ble en Bng pre z pource quilz se te
noient ensemble nul ne les osoit
assaillir/z Bng iour le lyon Bint
a eulx z par parolles deceptiues
les fist diuiser affi de mieulx les
prendre Et quant ilz furent diuis
ses le lyon en alla prendre Bng/et
ainsi qlle Boulloit estrangler le
Beuf lay cōmenca a dire Ha mon
compere cestuy est fol qui croit en
parolles deceptibles (et laisse la

compaignie car se nous euissions
tousiours este ensemble tu neusses
ses pas pris/⁊ pource celup qui est
bien ne se doit bouger

¶ La.vv.est du buysson/
et dung aulbier

NDl pour sa beaulte ne
desprise autruy car tel
est beau qui duict fait
et tombe du hault au bas ainsi ql
appert par ceste fable Dung aul
bier q se mocquoit dilx petit buis
son et lup disoit ainsi. Ne Vops tu
pas ma belle forme⁊ figure ⁊ que
de moy on fait maint beaulx edif
fices ⁊ maintes belles maisons⁊
chasteaulx et aussi toutes belles
oeuures. Et ainsi quilse Vantoit
Vint Vng bon laboureur a toute
sa congnye pour le coupper et ain
si que le labouteur frappoit dess⁹
laubier le buisson lup dist certes
se tu fusses aussi comme moy on
ne te mist poit a terre Pource nul
ne se doit point esiouyr de son hon
neur Car tel est ⁊ a este entresgrãt
honneur qui est tombe et tombe
en tresgrant desbonneur

¶ La.vvi..est du pesche
et du petit poisson

HOn ne doibt point la chose
certaine pour lesperance de
auoir celle qui est incertaine com
me il apert. Dung pescheur qui
en peschant a sa ligne print Vng
petit poisson lequel dist ie te prie
que tu ne me faces point mourir

car ie ne Veulx riens a menger ⁊
quant ie seray grant et tu reuien
dras tu pourras auoir grãt fruit
õ moy ⁊ le pescheur lup dist Puis
que ie te tiens tu ne meschaperas
point Car ce seroit grant follie a
moy de te laisser aller pour te ser
cher Vne aultreffois. Car oh ne
doit iamais laisser la chose cer tai
ne pour la chose incertaine

¶ La.vvii.fable est de phebs
de lauaricieulp et de lenuieulp

CErtes nul ne doit faire dõ
maige a autruy pour faire
le sien cõe il appert de iupiter qui
enuoya phebus en terre por auoir
congnoissance de deulx hommes q
demanderêt de diuers dons lung
estoit fort enuieulx/et lautre fort
auaricieulx Ausquelz phebus res
pondit demandez ce q Vous Vou
drez car tout ce que Vous deman
drez ie Vous donneray et ce que le
premier demandera le secõd aura
le double Adonc lauaricieulx dist
le Vueil que mon compaignon de
mande le premier dont lenuieulx
fut content et dist Beau sire dieu
ie te prie que ie perde lulg dz mes
yeulx affin que mon compaignõ
perde les deulx Adõc phebus cõne
ca a rire ⁊ õ la se prit ⁊ alla dire a
iupiter la grãt malice de lẽuieux
q estoit ioyeulx du mal dautruy
et ql estoit content de souffrir pei
ne pour faire dõmaige a aultruy

¶ La.vviii.est du larrõ
et de lenfant qui plouroit

leut nature entre toutes lesquel/
les le signe vint qui presenta son
enfant a iupiter en disant. Beau
sire dieu voicy la plus belle beste
que tu creas onc/adonc iupiter cō

menca a rire et luy dist Tu es biē
fol de te louer ainsi / car nul ne se
doit louer de soy mesmes. Mais
doit faire bonnes euures/ car cest
chose ville de se vanter.

¶ La.vii.fable est de la grue et du paon.

Pour quel
que vertu
que lōapt nul ne
se doit priser ain
si comme il apt
ung paō qui la
dis bōa a disner
a la grue et le pa
on ppata bien a
disner et en icelui
disner eutel gros
ses parolles en
semble dōt le pa
on dist a la grue
tu nas pas si bel
le figure ne si bel
le forme ne si belles plumes com
me moy/auquel la grue dist il est
vray neātmois tu nas pas ung
bien ne vne si belle vertu que iay
car supose que ie naye pas si bel
les plumes que tu as touteffoys
ie scay mieulx voller que toy car
auec les belles plumes il fault q̄
tu demeures sur la terre et ie peuz
voller ou il me plaist . Et ainsi
chascun doit estre content de ce q̄l
a sans se louer ne vanter ne des
priser aultruy sil na point de pa
reil bien que luy.

¶ La.viii.fable est des quatre beufz.

On ne doit point compre
la foy a son amy ne lais
ser la compagnie ainsi
quil appert par ceste fable de qua
tre beufz qui iadis estoient ensem
ble en ung pre et pource quilz se te
noient ensemble nul ne les osoyt
assaillir/et vng iour le lyon vint
a eulx et par parolles deceptiues
les fist diuiser affide mieulx les
prendre Et quant ilz furent diui
sees le lyon en alla prendre vng/et
ainsi q̄l le voulloit estrangler le
beuf luy cōmenca a dire Ha mon
compere celuy est fol qui croit en
parolles deceptibles ¶ et laisse la

compaignie cat se nous euissions
tousiours este ensemble tu neus=
ses pas pis/q pource celuy qui est
bien ne se doit bouger
　　C La.p v.est du buysson/
　　　et dung aubier
N vl pour sa beaulte ne
　despuse autruy cat tel
　est beau qui duict tait
et tombe du hault au bas ainsi ql
appert par ceste fable Dung au=
bier q se mocquoit dug petit buis=
son et luy disoit alsi. Ne voys tu
pas ma belle forme q figure q que
de moy on fait maint beaup edif=
fices q maintes belles maisons q
chasteaulp et aussi toutes belles
oeuures.Et ainsi quil se vantoit
vint vng bon laboureur a toute
sa congnye pour le coupper et ain
si que le laboureur frappoit dess
laubier le buisson luy dcist certes
se tu fusses aussi comme moy on
ne te mist poit a terre Pource nul
ne se doit point esiouyz de son hon
neur Cat tel est q a este entresgrat
honneur qui est tombe et tombe
en tresgrant deshonneur

　　C La.p vi..est du pesche=
　　　et du petit poisson
O n ne doibt point la chose
　certaine pour lesperance de
auoir celle qui est incertaine com
me il apert. Dung pescheur qui
en peschant a la ligne print vng
petit poisson lequel dist ie te prie
que tu ne me faces point moutris

cat ie ne veulp tiens a menger q
quant ie seray grant et tu tien=
dras tu pourras auoir grat fruit
d moy q le pescheur luy dist vuis
que ie te tiens tu ne meschapreras
point Car ce seroit grant follie a
moy de te laisser aller pour te ser
cher vne aultrefois. Car on ne
doit iamais laisser la chose certai
ne pour la chose incertaine

　　C La.p vii.fable est de phebus
　　de lauaricieulp et de leuaieulp
C Ertes nul ne doit faire dó=
　maige a autruy pour faire
le sien cóe il appert de iupiter qui
enuoya phebus en terre po auoir
congnoissance de deup hommes q
demanderét de diuers dons lung
estoit fort ennieulp/et lautre fort
anaricieulp Ausquelz phebus ref
pondit demandez ce q vous vou
driez cat tout ce que vous deman
drez ie vous dóneray et ce que le
premier demandera le secod aura
le double Adonc lauaricieulp dist
le vueil que mon compaignon de
mande le premier dont lennieulp
fut content et dist Beau sire dieu
ie te prie que ie perde lug de mes
yeulp affin que mon compaignó
perde les deup Adóc phebus cóme
ca a rire q d la se print a alla dire a
iupiter la grat malice de leuieup
q estoit ioyeulp du mal daultruy
et ql estoit content de souffrir pek
ne pour faire dómaige q autruy
　　C La.p viii.est du larró
　　et de lenfant qui plouroit

Celuy est fol qui met son bi
en enaduenture de le perdre
pouoir lautruy/ainsi quil appert
Dung latrõ qui trouua vng en
fant qui ploiroit auprès de vng
puys lequel latron lay demanda
pourquoy il ploiroit et il respon
dit Je plenre pourceque ce puyse tiers doit nen touyse point

lay laisse choir vne selle dor adõc
le latron se despouille et entra de
dens le puys et lenfant print sa ro
be et le laissa dedans le puys. Et
ainsi par couuoitise de gaigner il
pdit sa robe car tel cuide gaigner
qui pert et dune chose mal acquise

La .pir. fable du lyon et de la cheure

Cellay est
sayge qui
du cautelleup se
peult garder cõ
me il appert dilg
liõ qui vne foys
rẽcontra vne che
ure q estoit è vne
mõtaigne et lors
quant le Lyõ la
vit por la cuider
faire descẽdre af
fin dla mãger il
luy dist Ma seur
que nes tu icy en
bas auecqs moy
en ce pre por mãger ces belles her
bes vertes et elle respondit Cõbiè
que tu dies verite/toutesfoys tu
ne le dis pas pour mõ biè mais
cest affin que tu me mãges Et ie
ne me fie point en ton parler Car
iay ouy dire a ma mere/ cellup q
est biẽ ne se bouge car cellup q est
en lieu seur est fol sil se mect en pe
ril et dangier

La .pp. fable est de la cor
neille qui auoit soif

Meulp vault engin q
force comme il appert
dune corneille q vng
iour sen alloit boire dedans vne
seille et pourtce q leaue estoit trop
basse elle ne pouoyt boire si rem
plit la seille de pierres si fort que
leaue resortoit p dessus adõc beut
tout a sõ apse et pourtce apert q en
gin ou sapience est vne belle ver
tu car p sapiẽce ou engi on peult
subuenir a toutes deffaultes

¶ La .rri. fable est du Vil-
lain et du thozeau

Elup qui est de maulual-
se nature a grant peine se
peult il chastier comme il
appert de Vng Villain qui auoit
Vng ieune thozeau leql il ne pou
oit fter au iouc pource que des coz
des il frapoit tousiours parquoy
il luy couppa les deux cornes Et
quãt on le Vouloit fort lyer il re
gibote se fort destãbes quil ne lais
soit personne approucher de luy et

quant le Vilain apceut la maltee
du thozeau il luy dist/ iete chastie
ray Bie car ie te mettre aux mais
du Bouche. Et lozs le thozeau fut
Bien chastie et ainsi doibt on faire
des mauuais/cõe ruffiens meue
driers/latrons/ioueurs de dez/tel
les gens doyuent estre mys en la
main du Bourrean. Car on ne les
peult mieulx chastier Et a grant
peine peult on chastier cestuy qui
suyt Bonnes meurs et Bonne com
paignie

¶ La .rrii. fable est du pelerin et du satire

On se doibt
garder õ la
cõpaignie de cel
lui q porte leaue
et le feu ainsi que
recite ceste fable
dãg pelerin qui
tadis cheminoit
p le tẽps dyuer
pmy Vne forest
et pource que la
neige auoit tõ
pu tout le chemi
il ne scauoyt ou
il estoit Adõcqs
Vng satire Vint

au deuant de luy pource que le sa
tire appceut q il auoit froit sap
proucha de luy pour le mettre en
la fosse/et pource que le satyre est
chose espouentable qui ressemble
a Vng hõme/le pelerin eut grãt
paour. Et tout ainsi que le satire
le menoit pource quil auoit froit

il souffloit en ses doys pour les
eschauffer. Adoncqs le satire luy
donna a Boire de leaue chaulde et
quant il la Voulut Boire il com
menca a souffler/et le satire luy de
manda pourquoy il souffloit et il
respõdit q cestoit pour la refroidie
Et adone le satire luy dist ta com

N.i.

paignie nt mest pas bonne pour/
ce ꝗ tu poztes leaue et le feu en ta
bouche et pource va t̄ et iamais
ne retourne plus. Car la compai
gnie de l̄hõe qui a deup langues
ne vault riens Et pource on doit
euiter la cõpaignie des mauuais
flateurs car par flaterie plusie²s
gens sont trompez et deceuz.

℮ La. quatozziesme fable est
du rat et du beuf

L Es seigñrs doiuēt ay
mer leurs subiectz/car
celuy nest pas seigñr d̄
ſõ pays ꝗ est hay d̄ ses subiectz cõ

me il apert dung beufꝗ estoit en
vne estable ꞇ ainsi quil vouloit
dormir vng rat venoit ꝗ le moz
doit et ain̄ ꝗ le beuf vouloit fra
per le rat sen fuyoit enla tenniere
ꞇ le beuf le pzint a menasser et le
rat luy dist Ie nay pas paour de
toy car suppose que ie ſoi espetit ie
te peulp aucuneffois bien nuyre ꞇ
si tu es grãt ce nest pas de toy cest
de tes parens Et pource le fort ne
doit point desprisier le foible ainsi
que le chief doibt aymer ses mem
bzes aisi le seigñr doit tousiours
aymer ses subiectz

℮ La. piiii. fable de loye et du seigneur

D I trop
embzasse
mal es
trainct cõe il ap
pert dug hõme ꝗ
auoit vne oye ꝗ
põnoit tous les
iours vng oeuf
doz il luy cõmã
da ꝗelle enpõnist
deup ꞇ elle respõ
bit ꝗelle ne pour/
roit adonc il fut
mõlt courrouce
et la tua ꞇ quãt
il eut tuē il fut
plus courrouce que deuant mais
il estoit trop tard Et pource donc
celuy est fol qui fait chose dont il
se repent et celuy qui se falct do m

maige pour se venger est fol/car
il cuyde gaigner et il pert tout
℮ La. pp b. fable du singe
et des deup enfans.

Celuy peut ayder q̃ aul
cuisffois on despriſe cõ
me il apert p ceſte fa
ble dung ſinge qui auoit deuy en
fans dõt il aymoit lung q̃ hayoit
lautre et quant il Voulut fuyr de
uant les chiens il prĩt celuy q̃ il
aymoit τ laiſſa lautre Et quant
il Vit cela il ſaillit ſur ſon dos/et
pource que celuy quil tenoit entre
ſes bras lempeſchoit a courir il le
getta par terre τ emporta celuy q̃
il hayoit leq̃l apres il ayma fort
Et ainſi eſt il de pluſieuts enfãs
leſquelz on priſe bien peu qui Vie
nent a grande perfectioɲ

℟ La. xp Vi. eſt du Vent.
et du pot de terre.

Qui pl⁹ hault monte quil ne
doit deſcẽt pluſtoſt quil ne
Vouldroit. Comme il apert par
ceſte fable dung potier q̃ fiſt Vng
pot de terre lequel il miſt cuire au
ſoleil pour cuire plus ſouuent cõ
tre lequel Vint Vng grãt Vent et
tempeſte, et qunat elle Vit le pot
luy demanda qui es tu q̃ il diſt Ie
ſuis Vng pot le mieulp fait quon
ſcauroit faire/ τ la tempeſte diſt
Cõment tu es encore mol/τ pour
ce que ie congnois toɲ orgueil ie
te rompray affin que ayes de toɲ
orgueil congnoiſſãce. Et pource
le foible doit obeyr au fort. Et ne
doit point mõter plus hault qũd
ne doit affin quoɲ ne tõmbe pas.

℟ La. xp Vii. du loup et du cheureau.

On doit eui
ter de deup
perilz le, pl⁹ grãt
q̃ ne les peut eui
ter tous deup cõ
me il apert dung
loup q̃ couroit a
pres Vne chieure
τ q̃t le louVit¹ q̃l
ne põſoit quoir
laõ chieure il lui
diſt p belles pol
les/Vit tẽ iou et
auecq̃s moy aup
chãps τ laiſſe ſa
compaignie. Car ſe tu Veulp de
mourer iep ilz te ſacrifiront auy

dieup. Et lors le cheureau reſpõ
dict. ℟ Iayme beaucoup mieulp
N.ii.

espandre mon sang et estre sacti
fie pour lamour des dieux que es
tre menge de toy Et pource celuy
qui de deux maulx euite le plus

grant est prudent et saige.

Cy finissent les fables
dauian/et commencent
celles dalphonce.

La.i.fable de leportation de sapience et damours

Rabe d
lucanie
dist a son
filz garde toy q
la forme ne soit
plus saige que
toy laqlle amas
se en este ce dont
elle doit viure en
yuer/et si garde
bie q tu ne dor
mes pl° que fait
le poulet q veil
le a matines/et
quil ne soit pas
plus saige qtoy
lequel gouuerne bien neuf poul
les/mais suffise toy den bie gou
uerner vne. Et aussi que le chien
ne soit pas plus noble que toy le
quel iamais noublie le bienquon
lup a fait. Aussi ne te semble pas
peu de chose dauoir vng bo amp
mais ie ne double pas dauoir mil
le amys: et quant arabe mourut
il demada a son filz philippe Mo
filz combien as tu ence monde ac
quis damps.et il lup respondit ie
ay bien acquis cent. Comme ie
cupde/et son pe te luy dist. Garde
toy de dire celuy que tu ne saye es
prouue car iay pl° vescu que toy
et ie nappeu acqueritqung demy
amp. Adonc son filz luy dist mon
pere dy moy comme ie pourray es
prouuer mo amy et il luy dist va
tuer vng veau et le metz tout en
sanglante en vng grant sac et se
erectement le porte a ton premier
amy et luy dy que cest vng hom
me que tu as tue Et pour lamour
quil a en toy le veille celer affi
de te sauluer la vie/laquelle cho
se fist/so amy luy dist retourne a
ta maison/car tu as mal faiet ie
ne veuil pas porter la peine pour
toy Car en ma maison tu nentre
cas plus/et ainsi esprouua tous
ses amys q tous luy firent sebla
ble respoce comme le premier. A

dont il fut moult esbahy et sen re/
tourna a soy pere z lui dist tout ce
quil auoit fait Et sõ pere luy dist
mõ filz plusieurs gẽs sõt amis
de pollrs mais ilz sont peu de fait
mais ie te diray q̃ tu seras bã ten
a moy demy amy z luy porte son
veau et tu esprouueras ce q̃l te di
ra. Et quant il fut venu au demy
amy de son pere z luy dist tout ai
si quil auoit fait aux aultres Et
quant lamy leut ouyll le mena a
sa maisõ en vng secret fort obscur
z la enterra son homme mort dõt
le filz cõgneut la verite. Adonc il
sen retourna a son pere et luy dist
ce q̃ son demy amy luy auoit fait
adonc se pere luy dist que le philo
sophe dit que le vray amy est con
gneu en extresme necessite. Adonc
le filz demanda au pere/ vis tu ta
mais hõme qui en sa vie ayt gai
gne vng amy entier/z son pere res
pondit que nõ/mais que il auoit
bien ouy dire z le filz luy dist/ie te
prie q̃ tu me racomptes affinque
par aduẽture ien puisse acquerir
vng tel z le pere luy dist. Mõ filz
iay ouy dire de deux marchans q̃
iamais ne sestoẽt veu ensemble
mais auoient congnoissance par
ouyr dire p lettres q̃lz enuoioient
lung a lautre/or aduint que lung
vint en egipte pour marchander
dont lautre fut bien ioyeulx de sa
venue z le receut benignemẽt en
sa maison/z aps quil eut festoye
par lespace de huyt iours le mat/

chant de baldat deuit malade dõt
lautre fut moult dolent z inconti
nent manda medecins par toute
egipte pour le guarir. Et quant
les medecins leurent visite z veu
son vrine/ilz dirent que il nauoit
point maladie corporelle/et que il
estoit tauy damours. Et quant
son amy ouyt cela il luy alla dire
ie te prie dy moy ta maladie, et il
luy dist ie te prie say venir toutes
les femmes de ta maisõ pour, sca
uoir se celle que ie desire y est post
et tantost son amy fist venir ses
filles z seruãtes entre lesquelles
auoit vne ieune fille laq̃lle il a
uoit nourtie p plaisir a laquelle
il dit holcy ma vie ou ma mort
adonc son amy la luy dõna pour
femme auec tous les biens que il
auoit delle/z puis lespousa ioyeu
seinẽt z puis retourna en sõ pays
auec elle . Et apres vng peu de
temps aduint que cellup degipte
tumba en pourete/et pour auoit
consolation vint veoit son amy
de baldat et sur la nupt arriua en
la crie. Et pource quil estoit mal
vestu il eut vergõgne dentrer de
iour en la maisõ de sõ amy mais
sen alla loger en vng temple bie
pres Aduint que celle nupt a la po
te du tẽple vng hõme fut tue dõt
les voisis furent moult troublez
et adõc le peuple tout esmeu vint
au tẽple z ne trouueret q̃ legipti
en leq̃l ilz prindrẽt cõe meurtrier
et allerent interrogeer pourquoy

N.iii.

il auoit tue cest hôme Et luy Roy
ant sa fortune et pourete confessa
ql auoit tue/car il apinoit autât
mourir que Brute Adôc il fut me
ne deuant le iuge et fut condamp
ne destre pendu et quant on le me
noit pendre son amy ploutoit fort
en recongnoissant les biens quil
luy auoit faitz Bint a la iustice et
dist. Messeigneurs cestuy na pas
fait homicide car ie lay fait et pour
tant feries grant pecche de le faire
mourir:lequel incontinent lperêt
pour le mener au gibet Et lamp
degipte dist messeigneurs il ne la
pas fait et pource feriez mal de le
faire mourir et ainsi que les amis
Bouloient mourir lung pour lau
tre celuy qui auoit fait lhomici
de recongnent son pecche et Bint a
la iustice: leur dist messeigneurs

ne lung ne lautre na fait cestuy et
mê;et pource ne pugnissez poit les
innocens. Et moy tout seul ie en
dois porter la pugnition Adonc la
iustice se merueilla fort et pour la
doubte laquelle y estoit grande fu
rêt mentz tous trois deuât le roy
lequel apres que leur misere luy
fut racompte leur pardonna a to9
trois/et adonc lamp emmena son
amy en sa maison et le receut soy
ensemêt et apres luy donna or et
argent assez a legiptiê sen retour
na en sa maison. Et apres que le
pere eut dit cecy a sôfilz il luy dist
Mon pere ie congnois bien main
tenant que celluy qui peut acque
rir Bng bon amp est bien cureuz
et a grât peine en pourrois auoir
Bng pareil.

Ca seconde fable est de la commission de pecune trouuee

Ung espa
gnolqui a
toit en la mesque
Bit en egipte Et
pource quil doub
toit estre desrobe
eo deseredarable
il pensa ql seroit
bon de bailler son
argêt a Bn preu
dhôme pour gar
der iusques a sa
reuenne / et pour
ce quil ouyt dire
quen ceste cite a
uoit Bn preudhô

me il luy bailla son argent a gar
det et apres que il eut faict son vo
aige il demanda son argent au bō
homme et il luy respondit mon a
my ie ne scay qui tu es. Car ia
mais en ma vie ie ne te vis que
ie sache q̄ se tu men parle plus ie
te feray bien frotter. Adonc lespai
gnol fut bien do. Et et de cela se plai
gnoit a ses voisins lesquelz luy
dirent. Certes nous sōmes bien es
bahis de ce que vous nous com
ptez car il est repute estre noⁱ. Vng
bon hommeq̄ le fait portet a prou
uerq̄ pource retourner a luy et lui
priez par doulces parolles que il
vous rende le voustreⁱ et il le fist
Mais le vieillart respōdit plus
rudement que deuant dont lespai
gnol fut moult courtouce. Et ain
si quil partoit de la maison il ren
contra vne vieille qui luy demā
da pourquoy i lestoit si trouble q̄
quāt il eut dit la cause pourquoy
la vieille luy dist fay bonne chere
car se les choses que tu dis sōt ve
ritables ie te seigneray bien la ma
niere comment tu reconnteras tō
argent Adoncques il luy demāda
comment il se pourroit faireq̄ elle
luy dist Amene auec de ton pays
auquel tu auras bonne fiance et
fay faire quatre beaulx coffres q̄
tu feras bien dorer et ferrer et les fe
ras emplir de pierresq̄ par tes cō
paignōs le feras porter en sa mai
sō q̄ luy dirōt q̄ les marchans des

paigne les luy commettent a gar
det et ainsi q̄ ilz seront dedans la
maison tu plus demander cottida
positif laquelle il fist Voulnere.
Et ainsi q̄ les coffres furent par
tis il alla auecq̄ ces culy et les es
trangiers dirent. Monseigneur
voicy des coffies plain dor q̄ dat
gent q̄ de pierres precieuses q̄ noⁱ
vous aportons pour garder poⁱ
ce que nous doubtions les larrōs
du desert q̄ pource que nous auōs
ouy dire que vous estes homme
de foy Et alors suruint celuy que
la vieille auoit ainsi conseille et
luy demanda son deppositif. Et
pource quil doubtoyt que lespai
gnol ne laccusast il luy dist. Tu
soies bien venu ie mesmeruielle q̄
tu as tant demoure q̄ venirq̄ incō
tinant il luy restitua son argent.
Et ainsi par le conseil de la bōne
femme il eut son argent laquelle
il remercia grandement et ainsi
eut sen retourna en son pays

℞ La .iii. de la sentence dōnee
dune cause obscure de fueille

IE temps passe adul, et qūq̄
Laboureur alla de vie A
trespas lequel ne laissa aultre cho
se a son filz sinō tant seullmēt
vne maison. Lequel viuoit du
propre labout de ses mains q̄ vi
noit assez pourrement iceluy filz
auoit vng riche voisin qui lui de
mandoit a vēdre sa maisō mais
il ne vouloit vēdre heritaige q̄ sō

pere luy auoit laisse q le riche qui
estoit so voisi vouloit tousiours
couuerser auecques luy pour le de
ceuoir. mais le ieune filz le fuioit
le plus quil pouoit et quant le ri
che aperceut quil le fuyoit il yma
gina vne cautelle et luy deman
da a louer vne partie de sa mai
son pour foire vne caue laquelle
il tiendroit a rente de lui pour bou
ter dip vaisseaulp dhuylle. Et le
ieune filz la luy loua. Le riche hõ
me y fist venir les dip vaisseaup
dhuilledont les cinq estoiet tous
dhuille q les cinq autres nestoiet
que demis q fist vne fosse en terre
q mist les ses cinq demis plais des
soubz q les plais dessus et ferma
lhuys q baila la clef au ieune filz
lequel cupdoit quil ny eust point
de batal car il ne cognoissoit poit
la malice du riche homme. Et le
riche homme vint au ieune filz q
luy demanda son depositif en lui
promettant payer ce ql luy auoit
promis dont le ieune filz fut bien
content q luy baila le riche hom
me vedit les vaisseaup aup mar
chãs en leur promettant qlz estop
ent tous plains Quant les mar
chans curent mesure leurs huyle
ilz nen trouuerent que cinq plais
et les autres demis dõt le riche hõ
me demanda restitution au ieune
filz/et pour auoir sa maison il se
fist couuenir deuãt le iuge il dema
da terme de respondre. Car il luy
sembloit quil auoit bie garde sõ

huylle et le iuge luy donna aduis
adonc il sen alla a vng philoso/
phe q estoit procureur des poures
q luy pria par charite quil luy dõ
nast bon cõseil et luy recita toute
sa cause en luy intant sur les euã
gilles quil nauoit point prins sõ
huille Adõc le philosophe respon
dit Mõ filz napez point de paour
car verite ne peult faillir et le phi
losophe vint en iugement lequel
fut institue iuge de pre Roy pour
en donner iuste sentence. et quant
le proces des deup fut fait le phi
losophe dist. Celuy riche hõme est
de bonne renõmee et ne cuide pas
quil demande fors ce quil doit de
mander Et aussi ne cupde pas q
icelluy ieune filz soit maculle du
blasme qui luy est baille par icel
luy riche hõme. Mais toutesfois
pour en scauoir la verite ie ordon
neq donne sentence que lhuille pu
te et nette soit mesuree des ciq tõ
neaulp plains et puis apres soit
mesuree la lye et regarde se la lie
des tonneaulp demy pleins est es
galle a celle des tõneaulp pleins
Et sil est ainsi quil ny en ait au
tant aup demis pleins cõme aup
plains il sera souffisammet prou
ue que lhuylle na pas este ouste
mais sil ya autant de lye aup tõ
neaulp aup vngs cõme aup aut
tresle poure homme sera condem
ne. Adonc a ceste sentence fut le po
ure homme content et fut toute la
verite congneue. Et fut le poure

aßfoulz. Car la mallice du riche
ful congneue et magnifestee. Et

auſſi tout pecße eſt ßne ſoys con
gneu

La. iiii. de la ſentence de la pecune trouuee

Ans il al
loit ßngßõ
me par la citte e
en alant bng co
ſte e dault e luy
tomba ßne bour
ce ou il y auoyt
mille eſcus doz.
Le ſilz ßng po
ure ßõme trou
ua e les baila a
ſa femme a gar
der/dont elle fut
biē ioieuſe e diſt
bien ſoit loue de
tous les biēs ql
nous enuoye cecy gardons le biē
et le lendemain le riche ßõme feiſt
crier par la cite que quiconcques
auroit trouue mille eſcus en ßne
ßource quil les reſtituaſt /et quil
en auroit cēt pour ſon ßin Adonc
le poure ßomme oyant ceſte criee
il courut dire a ſa femme rendõs
ce que nous auons trouue Nous
en aurõs cent eſcus/car il ßault
mieulp auoit cent eſcus ſãs pecße
que den auoir mille mal acquis.
Et combien que la femme ne les
ßoulſiſt poit reſtituer touteffois
en la fin elle en fut biē contente/
et ainſi le poure ßomme reſtitua
ſes mille eſcus au riche ßomme/
en luy demandant ſes cent eſcus.
Et le riche plai de batat e de frau

de deiſt au poure ßõe. Tu na pas
rendu tout mõn oz que tu as trou
ue car il me fault encozes quatre
cēs eſcus doz Et apzes que tu au
ras tout rendu le te pzometz cent
eſcus doz Adoncques le poure lui
reſpondit ie lay rendu tout ce que
iauoye trouue Parquoy ilz eurēt
treſ grant debat lung auec lautre
tellement que la cauſe en ßint de
uant le roy parquoy le roy fiſt ap
peller ßng grant pßiloſopße leql
eſtoit peureur des poures et quãt
la cauſe fut bien diſputee le pßilo
ſopße eſmeu de grant pitie appel
la le poure ßomme e luy diſt Mõ
doulp amy as tu reſtitue tout loz
q̃ tu as trouue Adonc le poure ßõ
me reſpõdit ouy par ma foy adõc
D.i.

le philofophe diſt touteffois ceſtui
riche homme eſt de bonne foy ⁊ ne
fault pas croire quil demãde fors
ce quil doit demãder ⁊ pour ce qͥl
auoit perdu mille quatre cens eſ
cuz il ſe fault croire et dauãtre pͭ
fault croire que ceſtuy poure hõ
me eſt de bonne renommee pour
quoy il diſt au roy. Sire ie ordõ
ne par ſentence que tu prẽnes ces
mille eſcuz ⁊ que tu en bailles cẽt
a ceſtuy poure homme qui les a
trouuez pour ſa peine/⁊ quant ce
luy viendra q̃ les a perdus tu les
reſtitueras ⁊ ſe vng autre trouue
les mille quatre cens eſcuz ilz ſe
ront rendus a ceſtuy riche homme
qui les a perdus laquelle ſentẽce
fut aggreable a toute ſa compai
gnie Et quãt le riche homme vit
que luy meſmes ceſtoit deceu il de
manda miſericorde au roy et diſt
Sire ceſtuy poure hõme qui les
a trouues ma iuſtement reſtitue
car ie le vouloye decepuoir le roy
eut miſericorde de luy ⁊ le bon hõ
me fut pape Et la malice du riche
homme fut magnifeſtee

La .v. eſt de la foy des trois
compaignons

SOuuẽt aduiẽt q̃ mal
que poure autruy luy
aduiẽt ainſi qͥ appert
par ceſte fable de trois cõpaignõs
dont les deuz eſtoyent bourgoys
et lautre laboureur ⁊ ſacõpaigne
rent tous trois enſemble au ſaict

ſepulchre et auoient leur prouiſiõ
de farine pour faire leur pelerina
ge. Aduint quelle fut toute conſu
mee et gaſtee excepte ſeullemẽt
pour faire vng pain Et quãt les
bourgeops virent la fin de la fa
rine ilz dirent loͥ trois enſemble.
Il nous fault tromper ce villain
pource que ceſt vng treſgrant ga
ſant nous mouldes de pain ſe noͥ
ne trouuõs maniere q̃ nous puiſ
ſons auoir tout le pain de la fari
ne et conclurent enſemble Et ſilz
diſt. Quãt le pain ſera dedans le
four allons nous dormir et celui
q̃ aura le mieulx ſongele pai ſera
ſien ⁊ pource q̃ nous ſommes biẽ
ſaiges et treſbiẽ ſubtilz il ne ſcau
ra ſi biẽ ſonger q̃ nous Parquoy
le pain ſera tout noſtre/dõt tous
furent contens Mais quant le ru
ſticque cõgneut leur grant trom
perie ⁊ fallace ⁊ vit quilz dormoi
ent il tira le pai du four ⁊ le mẽ
gea et lung des deux bourgeoys
ſe leua et diſt a ſon compaignõ.
Iay fait vng merueilleux ſonge
car q̃ deux anges mẽportoyent
en paradis. Et ſon compaignon
luy diſt Tõ ſonge eſt merueilleux
mais ie cupde que iay faict plus
merueilleux ⁊ beaucop plͥ beau
que toy. Car iay ſonge que deux
anges me menoient veoir enfer.
Puis ilz eueilletent leur compaʒ
gnõ/et luy cõe tout eſpouente en
ſeueillant leur diſt q̃ eſtes vous

et ilz dirent nous sommes tes cõ
paignons et il leur dist/ commēt
estes vous la retournez commēt
nous ne sommes point partis di
cy/z il leur dist par ma foy iay sõ
ge que tes anges auoyent emmē
ne silz de vo9 en paradis z lautre

en enfer/pquoy cuidoie ãiamaiz
ne peussez pl9 reuenir/z po2ce me
suis leue de dormir. Parquoy ia9
noye fuz z ap tire du pain du four
et lap menge. Car bien souuent
tel cuyde tromper aultruy qui est
trompe luy mesmes.

⸿La .vi. est du laboureur et du rossignol.

IL temps
passe vng
laboureur estoit
qui auoit vng
beau iardin Et
bien plaisãt z de
licieux auquel il
alloit pour se rec
reatouyz et esbattre
Et vng iour au
vespres ainsi q
il estoit bien fort
lasse z trauaille
de labourer pour
auoyz recreation
il entra en sõ iar
din il ouyt chanter le Rossignol.
Et pour en auoir plus grant plai
sir il trouua facon de le prendre/z
quãt il eut prins le rossignol luy
demanda pourquoy as tu prins
tant de peine a me prendre tu nen
peulx auoir grant prouffit. Et a
donc le laboureur luy respondict.
pour toy ouyr ioyeusement chan
ter/ Et le rossignol luy dist certes
en vain tu as laboure. Car pour
riens ie ne pourroye chanter estãt
en prison. Et adonc le laboureur
luy dist se tu ne chantes ie te men

geray/z le rossignol luy respõdit
se tu me metz boulir se sera mois
que riens de moy et se tu me metz
rostir se sera encore moins de cho
se de moy/z pource laisse me vol
er et se te sera vng tresgrant prof
fit/ car ie te donneray trois expēs
ples que tu apmeras mieulx que
trois vaches grasses. Et adonc
le laboureur sen laissa voller/ Et
quant le rossignol fut sur larbre/
il dist au laboureur ie tapyromis
que ie te donneray trois bonnes
doctrines La pmiere est que tu ne

erokes poit la chofe qui eft impof
fible. La feconbe ceft que tu gar
des ce qui eft tien La tierce que tu
nayes point de douleur de recou
urer chofe perdue Et apres le rof
fignol commenca a chanter en fo
chant et difoit/benoift foit le filz
de dieu qui ma deliure de la mai
de ce Villain/qui na pas Veu ne
congneu Vng dya mal que tap en
mon Ventre car fil euft trouue il
euft efte grandement riche/et ne
fuffe point efchappe de fes mains
adonc le Villain fe print a lamen
ter a tout pleur en difant / ie fuis
bie malheureux dauoir perdu fi
Belle proye que tauoye gaignee et
maintenant ie fapperdue Adonc
le roffignol luy dift/ or maitenat
congnois ie bien que tu es fol / et
as douleur dequoy tu ne dois pas
auoir/car tu as fa oublye ma do
ctrine. pource que tu cuydes quen
mon Ventre ayt Vne pierre preci
eufe a ie tay dit q tu ne dois poit
croire la chofe impoffible. Et cel
le pierre fuft tie/pourquoy las
tu perdue a ne la peux recouurer
pourquoy en as tu doulleur. Et
pource ceft grant follye d chaftier
Vng fol qui ne croit confeil quon
luy donne.

Vng philofophe deift a fon
filz quat tu te Verras tum
ber en aucun dommaige Le plus
toft que tu pourras fi en fore affi
que apres tu nen foys plus greue
Ainfi quil apert dung tethorique

qui demanda a Vng roy tel oz q
tous ceulx qui enteroient en la
cite qui auoient aucun deffault
en leurs corps que a lentree de la
porte il euft de chafcun Vng deui
er. Laquelle chofe le roy luy don
na a figna de fon fignet et en gar
dant la porte de tous ceulx qui ef
toient boiteux ou rongneux Ou
quilz auoient quelque tache il lez
faifoit payer chafcun Vng denier
Or aduint que Vng boffu Voul
foit paffer la porte fans payer/ et
fe aduifa quil predroit Vng man
teau a Vint a la porte a le portier
laduifa et Dit quil eftoit borgne.
et adoc il luy dift paye moy Vng
denier et le borgne ne Boullut ti
ens payer a le portier luy ofta fon
manteau et adonc il congneut ql
eftoit boffu Lore il luy dift tu nen
Boulois pas payer Vng mais tu
en payeras deux Et ainfi quilz a
uoient debat enfemble le chappe
au luy tilba et le portier Dit quil
eftoit tigneux et luy dift mainte
nant tu en payeras trois et le por
tier mift la main a luy et trouua
quil eftoit rongneux ci fe comba
tirent enfemble tellement que le
boffu tumba par terre a le portier
trouua que il auoit Vng loup en
Vne de fes iambes a luy dift mai
tenant tu en payeras cinq/ car tu
es par tout cotrefaict/a par ainfi
le portier luy fift laiffer le mate
au. Et fil euft Boulu payer Vng
denier il fen fuft alle franc a quil

¶ Ca. viii. du disciple et des brebis.

Ung disci
ple iadis
estoit q̃ se dele-
ctoit a recit p'u
sieurs fables au
quel sõ maistre
dit quil recitast
vne bien lõgue
fable auquel sõ
maistre luy dist
garde bien quil
nauienne entre
nous ainsi quil
aduit entre vng
roy et son fabu
lateur. Le disci-
ple luy dist/mõ maistre ie te prye
dy moy comme ce aduint. Adonc
le maistre luy dist il estoyt vng
roy qui auoit vng fabulateur le-
quel toutes les foys q̃ il vouloit
dormir il disoit cinq fables pour
le resioupr. Et vng iour aduint q̃
le roy estoit si triste q̃ne pouoyt
dormir z apres que le fabulateur
eut recite cinq fables le roy en vou
lut plus ouyr/le fabulateur en re
cita encores trois bien briefues/z
le roy luy dist/ie vouldroye ouyr
encores vne bien longue. Adonc
le fabulateur luy racompta vne
fable d'ung riche homme qui al-
la a la foire achepter des brebis z
en achepta mille et en sen retour-
nant vint a vne riuiere laquelle
pour sa grande inundation des e
aues ne peut passer par dessus le
pont. Touteffois il alla tant et
vint quil trouua vne petite sete
par laquelle a grãt peine pouoyt
passer trois brebis a la fois. Ain
si les brebis passoient lune apres
lautre et touteffois ces choses di-
ctes le fabulateur sendormi z tan
tost apres le roy se esueilla et luy
dist ie te prie fine ta fable Et le fa
bulateur luy respondit. Sire le
fleuue est grãt z la nauire est pe
tite/et pourtant laissez passer les
brebis z puis apres ie fineray ma
fable/adonc le roy fut pacifie z ain
si foyes cõtent de ce que ie tay dit
Car il est des gens q̃uon ne sçau-
roit contenter en parolles

D.iii.

Ung labou
reur estoit
qui a grant pai
ne pouoyt gou
uerner ses Beufz
Adonc il pria a
dieu que le loup
les mengeast la
quelle chose le
loup ouyt et se
tendit iusques
a la nuyt et quāt
la nuict fut Ve
nuele labourer
ēuoya ses Beufz
ēn la maisō. Et
quant le loup Bit que ilz retour
nopent a la maison il dist au la
bourceur au iourdhuy tu mas dō
ne tes Beufz plusieurs fois et pour
tant tiens ce que tu mas promis
Et quant le laboureur ouyt ce il
luy respondit ie ne tay aucune cho
se promise deuant qui me suis ie
obliger de le payer et adōc le loup
luy dist ie ne te laisseray point al
ler se tu ne me tiēs ce que tu mas
promis/et ainsi quilz auoient de
bat ensemble ilz mirēt la cause de
uant le iuge/et ainsi quilz sereBot
ent Bng iuge ilz rencontrerent le
regnart auquel ilz cōpterent leur
cause et il leur dist ie Bous accor
deray et donneray bonne sentence
mais il fault que ie parle a Bng
chascun a part dont ilz furent cō
tens Et adonc le regnart Ba dire

a lhomme tu me dōneras Bne ge
line et Bne a ma femme et tu ten
ras auec tes Beufz dont le labou
reur fut content/et le regnart Ba
dite au loup iay bien parle pout
toy/car il te donnera Bng formā
ge et le laisse aller auec ses Beufz
dont le loup fut contēt. Et le re
gnart dist au loup Bien ten auec
moy et ie te monstreray le lieu où
est le formaige et le regnart le me
na deça et de la iusques a ce que la
lune fut leuee/adonc ilz Bindrent
aups dung puis et il monstra au
loup la lune q luy soit dedās et luy
dist regarde q ce formaige est beau
aproche toy descens bas et le Ba
prendre et le loup dist il fault q tu
descendes le premier et se tu ne le
peulx apporter pource quil est si
grant ie descēdray pour toy ayder

et secourir Le regnart fut content
ꝗ pource ꝗ celuy puis auoit deux
seilles ꝗ quant lune montoit lau
tre descedoit ⁊ le regnart entra de
dans lune et quāt il fut au bas il
dist au loup Biens moy ayder cō
pere car le formage est si tresgrāt
ꝗ ne le puis porter ⁊ le loup entra
dedās lautre seille cuidant que le
regnart le mengeast et aisi quil ō
scēdoit le regnart mōtoit Et quāt
le loup Dit que le regnart mōtoit

il dist compere Bous Bous en al
lez oup dist le regnart car aisi est
il du mōde / car quāt lung descēd
lautre mōte ⁊ ainsi le regnart se
olla ⁊ laissa le loup dedās le puis
et ainsi le loup perdit ses beufz et
le fourmaige / parquoy il ne fait
pas bon laisser la chose certaine
pour la chose incertaine. Car plu
sieurs sont meschamment trōpes
par la deceptiō des mauuais ad
uocatz et faulx iuges

℟ La .v. fable du mary de la mere et de la femme.

Ꝇ Adis Bng
marchant
lequel se maria
a Dne ieune fē
me laꝗlle auoit
encores sa mere
Aduit Dne fois
ꝗl Boulut aller
en marchandise
leꝗl quant il sen
alla bailla safē
me a garder a sa
mere et par le p̄
pue cōsentement
de sa mere elle
fut amoureuse

dang ieune filz leꝗl fournissoit a
lappoinctement Et aisi ꝗl faisoiēt en
semble tousiours bōnne chere. Le
mary tantost Bint de la foire ou
du marche et heurta a la porte de
la maison dōt ilz furent biē esba
hiz Adōc la Bieille deist napes ia
point de peur mais faictes ce que

ie Bous diray ⁊ Va dire au ieune
f.lz tiē ceste espee et garde biē ꝗ
tu ne luy dies mot Et ainsi quil
Boulloit entrer il regarda cestuy
homme dont il eut grāt paour.
Adōcques la Bieille luy dist Mō
beau filz tu sops le tresbien Denu
Napez point peur de cestuy hōme

eat trops hommes contoyēt apꝛe
lup pour le tuer/ꝗ dauenture il a
troue la pozte ouuerte Et cest la
cause pourquop il est venu ceans
pour soy sauluer ꝗ cuidoit que tu
fusses lung deup Et le mary dist
Vous aues tresbien faict de ce que
vous laues sauue. Et ainsi le ga
lant sen alla par la subtilite de la
Vieille marratre/a laquelle ne te
fie point et tu seras saige.

¶ La .pi. fable est dune Bi
eille macquerelle

Ng noble bōme iadis
ꝗ auoit vne bonne fem
me chaste laꝗlle estoyt
belle a merueilles Le
ꝗl bōe voulut aller a rōme ꝗ lais
sa sa femme a sa maison poʒce ꝗl
sceauoit bien ꝗlle estoit bonne. Ad
uint ꝗ ainsi quelle alloit a la mes
se vng beau ieune filz fut espꝛins
de son amour et se vint dꝛoit a el
le la priant damours. Mais elle
ꝗ estoit pꝛeude fēme aimoit plus
chier mourir que de sacozder a lui
dont le ieune filz mourut quasi de
dueil Auquel vit vne Vieille qui
lup demāda la cause de sa mala
die et lup compta tout en lup de
mandant apde et bon conseil. La
Vieille lup dist pꝛens bon courai
ge car ie feray bien ton cas ꝗ se de
ptirent densemble. La Vieille fist
ieuner trois iours vne chienne ꝗl
le auoit et puis trēpa du pain en
mouatac ꝗ lup en fist menger et
dauentage en mengeant commē

ea a plourer et aloꝛs sen alla a la
maisō de la pꝛeudefēe et menā sa
chienne laquelle la recent bonne
stement pource que chascun la re
putoit saincte femme ꝗ ainsi com
me ilz parloient ensemble la ieū
ne femme lup demāda pourquoy
sa chiēne plouroit ainsi ꝗ la Vieil
le lup respondit. Ha ma belle da
me ne vueillez renouueller mes
doulleurs Et adonc commença a
plourer et la ieune femme lup de
manda ꝗlle auoit. adonc la Vieil
le lup dist ie le te diray voulenti
ers/mais tu nen diras rien a per
sonne/ꝗ la ieune femme si acozda
cuidant que se fust pour son biē et
la Vieille si lup dist Mamye ceste
chienne estoit ma fille/et si estoit
gratieuse et chaste et vng ieune
filz si layma tant ꝗ fut si tres rā
up delle ꝗ pource ꝗlle le reffusit il
en mourut ꝗ les dieup ayāt pitie
si ont mue ma fille en vne chien
ne certes Belle mere iay grāt peur
que ainsi ne men aduienne dung
ieune filz de ceste Ville ꝗ il ne meu
re pour lamour de moy mais poʒ
lamour de moy mary ꝗ de tōpꝛe
chastete iaymeroye mieulp mou
rir toutesfoys ie feray ce ꝗ tu me
cōseilleras Et la Vieille lup deist
le plustost ꝗ tu pourras ayes pitie
de lup affin quil ne te prenne pas
comme il a fait a ma fille Adonc
la ieune femme lup respondit Cer
tes dame sil men requiert plus ie
me accozderay a lup rt sil ne men
requiert poit ie lup en feray offre

a celle fin q̃ ie noffence les dieux
ie le feray le plus toft q̃ ie pour
ray Et adonc la Vieille print cõ
gie delle et sen alla au ieune filz
luy compta les nouuelles dontil
fut fort biẽ ioyeulx q̃ se alla a el
le et acomplit sa Voulente. Ainsi
son pruft Voit les grans maulx
q̃ font les macquerelles que dieu
mauldie.

¶ La .vii. fable est de lauea
gle et de la femme

LE temps passe Vng aueu
gle estoit lequel auoit Vne
Belle femme de laquelle il estoit
fort ialoup q̃ la gardoit tant quel
le ne pouoit aller nulle part. Car
tousiours il la tenoit par la mai
et apres elle fut amoureuse dung
gentil cõpaignon mais ilz ne pou
oient trouuer maniere de leur fai
re desir touteffoys la femme estoit
ingenieuse et dist a sõ amp que il
entrast au iardin q̃ quil montast
sur Vng poirier qui y estoit q̃ ain
si le fist q̃ la femme sen Vint a son
mary q̃ luy dist Mon doulx amy
ie Vous prie que nous allons es
Batre en nostre iardin dont il fut
Bien content. quãt ilz furẽt soubz
le poirier elle dist a son mary. Ie
Vous prie que ie monte sur ce poi
tier q̃ mẽgerons de ces Belles pop
tes Et Bien dist lauegle ie suis
content z ainsi elle fut sur ce poy
tier le galant commẽca a secout
te dung coste et la femme de lau
tre q̃ quant laueugle ouii le Bruit

il dist combiẽ que ie ne Voye gont
te ientens biẽ mais ie prie a dieu
quil me Vueille tendre ma Veue
q̃ incontinãt iupiter luy rendit sa
Veue. Quãt il Vit le gallãt sur le
poirier il dist. Ha mauluaise fem
me iamais Biennauray auec toy
q̃ la femme promptemẽt luy dist
Mon amy tu es Bientenu a moy
q̃ tout q̃ nuyt nay cesse de prier
pour toy disãt que tu me peusses
Veoir q̃ Venus iest apparu a moy
disãt q̃ se ie faisoie grãt plaisir a
ce ieune homme quelle te donne
roit Veue. Adonc le bon hõme son
mary luy dist. Ma chiere amie ie
Vous remercie grandement Car
Vous auez droit et iay tort.

¶ La .viii. du coustuner
du roy et de ses seruiteurs

ON ne doibt faire a aul
truy ce que son ne Voul
droit que on luy fist cõ
me il appert dung roy qui auoit
Vng cousturier quiestoit si tresbõ
ouurier q̃ meilleur nestoit au mõ
de q̃ auoit plusieurs seruiteurs il
y en auoit Vng q̃ auoit noñ me
dr̃ q̃ surmontoit les autres pour
biẽ ouurer pourquoy le roy cõmã
da a son maistre dhostel de luy dõ
ner Viandes delicieuses et il leur
en donna de Vne ou il y auoit du
miela pource que medius nestoit
pas en celle feste. Le maistre dho
stel dist aux autres q̃ luy faisoit
garder de celle Viande delicieuse.
Adonc le maistre dhostel respõdit

p.i.

quil ne luy en gar
deroit points quil
ne mengoit point
de miel et ainsi qlz
entent deisne me
dius suruient qui
les deist pourqnop
ne me auez vous
garde de ceste vi
ande precieuse Et
dot le maistre dho
stel luy dist. Ton
maistre ma dict q
tu ne mangeoys
point de mpel. Et
medius sen teut et
ne dist mot mais il pensa com ent
il pourroit trouuer la maniere de
tromper son maistre et vng iour
aduit que medius estoit tout seul
auecqs le maistre dhostel le mai
stre dhostel luy demanda sil con
gnoisoit point home qui fust aus
si bo ouurier comme son maistre
medius luy dist que non/mais q
cestoit grant dommaige q une ma
ladie quil auoit et le maistre dho
stel luy demanda quelle maladie
cestoit. Adoc medius luy dist mo
seigneur quant il est estre en ceste
frenaisie il luy prent vne raige et
comment le congnoistap ie dist
le maistre dhostel. Certes moseig
gneur quant vous verres quil se
ra sur son establie et quil comme
cera a regarder drca et dela et aus
si que il commencera a frapper du
poing sur la table adonc sa mala

die le prent et se vo' ne le faictes
bien lier et aussi bie batre il est di
gne de faire vng grant domma
ge/et le maistre dhostel luy dist ne
ten soucye point monamy/ie me
donnerap bien garde. Et le lende
main le maistre dhostel dit aceit
les costuriers. Et quat medius
le dit venir il sceut bien la cau
se, pourquop il venoit et prit secre
tement les forcés de so maistre et
les mussa adoc le maistre costu
tier commeca a cercher ses forces
de ca et dela et va frapper du poig
sur la table adonc le maistre dho
stel le commenca a regarder /et a
coup le fist prendre par ses serui
teurs et le fist bien lier et bien ba
tre Et adoc le maistre coustutier
fut merueilleusement esbahy et co
menca a leur demader a trestous
Messeigneurs pourquoy me bat

tes vous sí oultrageusement/ne
quelle offence ne quil mal ay te
fait pourquoy il fault que te soye
ainsi vilainement batu/et adonc
se maistre dhostel luy respondit.
Pource que medius ma dict que
tu es frenatique et que ne te batoit
tu feroys vng grant dommaige
Et quant il eut ouy ce il sen vint
a son varlet et rigoureusement
luy dist ha faulx garson remply
de mauluaises parolles/comment
mas tu veu entaige. Et son var
let luy respondit orgueillensement

Mon maistre quant mas tu veu
que ne mengoye point de mpel et
pourtant le tay rendu conque pour
conque Adonc ilz se prindrent tous
a rire et dirent tous ensemble quil
auoit bien fait. Et pource sachez
que nul ne doit faire a autruy cho
se quil ne vouldroit quon luy fist

¶ Cy finissent les fables
dalphonce/et cy apres se
suyuent aulcunes de po
ge florentin

¶ La.í. fable est de la subtillite de la femme.

Acautelle
de la fem
me surmote tou
tes cautelles co
me il appert par
ceste fable dung
homme qui se ma
tta a vne ieune
femme/et apres
ses nopces il sen
alla oultre mer
pour gaigner che
uance. Et pour
mieulx viure a
son aise/Aduint
que fortune luy
fut contraire et demoura longue
ment cuidoyt sa femme quil fust
mort pourquoy elle fut demourease
dung autre homme lequel luy fist beau
coup de biens comme reparer sa mai
son de beau mesnaige et long temps
apres son mary reuint de dessus la

mer et vint tout droit en sa mai
son/et adonc quant il la vit si bel
le il fut tout esmerueille et dema
da a sa femme. Comment ne par
quelle facon elle auoit si honneste
ment repare sa maison Elle respon
dict que cestoit la grant grace de
p.íí.

dieu et le mary respondit benoist
soit dieu qui tant nous a donne de
biens. Et quãt il fut en sa cham
bre il vit son lit si bien pare et ten
au/adõc il demanda a sa femme
comme devant z elle trespõdit cõ
me devant et adonc il commenca
a remercier dieu comme devant z
encore plus Et ainsi quil se vou
loit mettre a table, on luy a porta
vng ieune enfãt de laage de trois
ans ou enuiron,/ adonc il deman
da a sa femme qui estoit ce bel en
fant z elle luy dist dieu le ma bon
ne de sa grace. Et alors le mary
luy dist de cecy ie ne rẽs poit grã
ces a dieu/car ie ne luy en scay ne
gre ne grace de ce quil prent tant
de peie pour faire mes besongnes
et si ne vueil plus quil sen mesle
car cest a faire a moy. Et gardes
quil ne vous en face plus: car se
ie le trouue en ma maison il sera
bien batu.

⸿ La .ii. fable est de la fe
me et de lypocrite

L A generation des ypo
crites est tresmauluai
se et tresfaulsce cõme
il appert par ceste fable que nous
racõpte poge qui iadis en vne
bonne compaignie ou il estoit, il
ou y racompter vne fable de la
quelle la teneur sensuyt. Au tẽps
passe la coustume des poures es
toit daller phuys en huys sans de
mãder laumosne Or aduint que
en cestuy temps vng beau ieune

homme poure sen alla asseoit a
lhuys dune femme vesue pour a
uoir laumosne : laquelle veufue
quant elle apperceut qnil luy es
toit elle luy donna laumosne z en
luy baillant elle le commenca a
regarder. Et pourtant quil estoit
bel homme elle fut embrasee da
mout de concupiscence enuers ce
stuy poure homme z luy pria que
dedans trois iours il voulsist re
tourher et elle luy donneroit bien
a disner/et de ce le poure homme
fut cõtent z luy promist de retour
ner. Et quant le iour fut venu ql
denoit venir la veufue ne cessoit
daller et de venir a sa porte veoit
sil venoit cõme celle qui destroit
fort sa venue/z quant il fut venu
elle luy dist entrez dedans et ve
nez disner auecques moy lequel se
consentit Et quant ilz eur z bien
disne elle embrassa z baisa en luy
requerant son amour/et il luy res
põdit certes ma dame ie noseroie
z toutesfois il eust bieñ voulu fai
re. Et adonc la femme le commen
ca de rechief a le baiser en le priãt
de plus enplus. Et quãt lhomme
congneut sa voulente il luy dist
puis que tu as tel vouloir Ie en
prens dieu a tesmoins que cest p
toy/et que ie nen suis point cõsen
tant et en disant ces parolles sac
corda a elle.

⸿ La .iii. fable est de la
femme qui accusa son
mary de coulpe.

<table>
</table>

Oge florentin dict que iadis vng nomme net⁹ de pacis entre les floren tins de son aage il estoit tressaige et tresriche et auoit vne tresbelle ieune f. elle laqlle il donna a vng ieune filz qui estoit bien riche et de bon hostel/ lequel apres ces nop ces faictes la mena en sa maison en vng chasteau dont il estoit sei gneur pres de florence et apres cer tain temps le ieune filz ramena sa femme a la maison de son pere netus qui faisoit vne feste come il est de coustue de faire en aucus lieux huyt iours aps ses nopces. Et quat sa nouuelle mariee vit a lhostel de son pere elle ne faisoit point bone chiere mais tousiours auoit le regard en terre come triste et toute pesiue et pleine de me lencolie. Et quant sa mere vit ql le estoit ainsi dolente elle lappel la en vne garde robbe appart et luy demanda ma fille que vous fault il nauez vous pas voz cho ses a vostre gre Pourquoy aues vous si grat melencolie Et adoc la ieune fille respondict en plorat moult tendremet Helasma mere vo⁹ ne mauez pas mariee a vng homme. Car ce que vng homme doit auoir il ne a point Car il ne a qune petite ptie de ce pourquoy on se marie. Adoc la mere fut tres dollente de celle grat fortune/elle sen alla a son bon mary et luy co pta tout comme sa fille luy auoit

au parauant compte/de laquelle chose son mary fut tresgrademet courrouce/car la chose fut diuulg guee a tous les pates de la ieune fille dont ilz furet tristes et marie et bien fort esbahys comme celuy beau ieune filz a q dieu auoit pre ste tant de belles vertus/comme de beaulte de richesse et bonne gra ce et ql estoit indigent de celle cho se/parquoy on faict le mariaige/ neantmoins les tables furent mi ses Et quat il fut temps de disner le ieune filz vint a la maison de netus pere de la ieune fille sa fem me acompaigne de ses plus prou chains parens et amys/et incont nant ilz sassiret a table les vngs tristes et maris et les autres ioy eulx en leur cueur Et quat le ieu ne filz vit que tous ses pates fai soient bone chere et tous ceulx de sa femme estoient melencolieulx il leur pria quilz luy voulsissent dire la cause dleur douleur mais nul ne respodit riés. Toutesfois il les pria tant q vng des tristes le pl⁹ liberal de tous eulx se print a rire et luy va dire Certes mo be au filz ta famme nous a dict que tu nes pas homme parfait Pour quoy le ieune filz commenca fort a rire et dist a haulte voix tant q toute la compaignie sentedit dit Messeigneurs et aussi tous mes beaulx amys faictes hardyment tresbonne chiere. Car la cause de vostre douleẗ sera tatost apaisee

Petit.

Adonc luy estant vestu dune robe
courte se destacha devant toute la
compaignie et mist son membre/
lequel estoit tressuffisant dessus
la table. Dont il y en avoit plusi
eurs en la compaignie qui en eus
sent bien voulu avoir autant cō
me il avoit z semblablement plu
sieurs femmes de laultre part de
siroient que leurs maris en eus
sent autant comme il avoit Et a
lors les parens de la fille senalle
rent vers elle/et luy dirent quelle
avoit grant tort de se plaindre/car
il leur sembloit quil avoit assez bi
en dequop po² elle dōt elle se deust

bien contenter/et luy blasmerent
grandement sa folie Ausquelz el
le respondit z dist/mes amis po²
quoy me reprenes vous si grand
dement. Je ne me plains point a
tort ne sans cause car nostre asne
qui est vne beste brute a bien vng
membre qui est aussi gros cōme
mon bras. Et mon amy qui est
vng homme nen a a peine la moy
tiee dautant/pourquoy la simple
z icune fille cupdoit que tous les
hommes leussent aussi grant cō
me vng asne. Et pource lon dict
communement/moult triste de ce
que fol pense

La.iiii. est de la Vennerie et de la faulconnerie

DEE
florenti
tous dit
et tacompte que
vne fois il estoit
en vne compay
gnie ou lon se
print a parler de
la cure de ceulx q
gouvernent chi
ens et oyseaulx.
Dont vng mil
lanois se print a
rire z requist a po
ge quil racōm
ptast aulcune fa
ble Lequel dist ainsi que iadis fut
vng medecin millannois qui ga
rissoit tous folz de quelque follye
quilz fussent remplis z comment
se vous diray Il avoit vng iar

din grāt z spacieux auquel avoit
vne fosse au meillieu plaine deau
puāte et en icelle mettoit les folz
selon leurs follies/les vngs ius
ques aux genoulx/les autres ius

ques aux cuisses/et ncn mettoyt
nulz plus parfons que la polettri
ne pour doubte daucune maladie
Dr aduint que on luy en amena
Vng qui mist dedãs iusques aux
cuisses pource quil estoit bien fol
ꝗ tant y fut quil reuint en sõ bon
sens. Et adonc il pria celluy qui
le gardoit quil se voulsist mettre
hors de leaue et luy promist quil
nysiroit point hors du iardin. Et
quant il fut hors de leaue ꝗ ainsi
quil sesbatoit par le iardin il se en
hardit baller iusques a la porte ꝗ
encontinẽt il vit venir vng ieu
ne filz sur vng cheual qui portoit
son esperuier sur son poing/Et a
pres luy auoit des chiens dont le
fol fut moult esbahy ꝗ de ce faict
pour cas de nouuellete il appella
celluy ieune filz/ꝗ luy demanda
tresbenignement. Mon amy ie te
prie que tu me dies surquoy tu es
monte Adonc le ieune filz luy res
pondit cest vng cheual lequel me
prouffite a porter a la chasse et en
tous les lieux ou iay affaire. Et
puis le fol luy demãda quesse que
tu portes sur ton poing ne a quoy
est il bon ꝗ le ieune filz luy respon
dit cest vng esperuier qui est bon
a prẽdre les cailles ꝗ les perdriͥ.
Et de rechief le fol luy demanda,
mon amy ꝗ quesse la qui va auec
toy ne a quoy il est bon. Et le ieu
ne filz luy respõdit ce sont chiens
qui sont bõs a faire leuer les cail
les et les perdriͥ/ Et quant elles

sont esleuees ie laisse aller mõ es
peruier ꝗ il les prent parquoy il
men vient et procede vng grant
soulas et vng grant plaisir. Et
encores de rechief le fol luy demã
da a ton aduis la prinse ꝗ tu fais
tout du lõg dune annee combien
montera elle bien/ne combien te
pourra elle bien prouffiter. Et a
donc le ieune filz luy respõdict/cel
le pourroit bien valoir et prouffi
ter enuiron quatre ou cinq escus.
Et a tõ aduis dist le fol combien
y en pourras tu bien despendre a
uan lan/Et adonc le ieune filz luy
respondit ie y pourroys bien des
pendre enuiron quelque cinquan
te escuz/et quãt le fol eut ouy ces
paroltes il luy dist Ha mon amy
ie te prie ꝗ tu ten voises bien tost
dicy cat se nostre medecin venoit
maintenãt ꝗ il te trouuoit te met
troit en la fosse iusques au men
ton/la ou ie nay este que iusques
aux cuisses. Car tu fais la plus
grãt follie dequoy touts oncques
parler Et la plus grande que ia
mais on scauroit faire. Et pour
tant lart de vennerie ꝗ de faulcõ
nerie est cure oyseuf c/et nul nen
doit vser sil nest grãt seigneur et
quil ayt de grãdes rentes et bien
dequoy viure/ꝗ encore nompas
souuent mais tant seullement ꝑ
recreatiõ et par temps pont oster
de melencolie la personne.

¶ La. V. de la recitation
daucuns monstres.

ODE ð floꝛece dit et nꝰ racompte Bne telle fable e dist que sõ tẽps Bng nõme hu gues maistre en medecine Bit Bn chat ꝗ auoit .ii. testes e Bng Be au pareillemẽt ꝗ auoit les iam bes toubles cõe selles fussẽt ioi tes ensẽble aus si es parties dy

talte en Bng pꝛe fut ſadis Bne Ba che qui Besta Bng serpent de tres merueilleuse grandeur e molt es pouentable/cat premier il auoyt la teste grosse comme Bng Beau se col de la grandeur dung asne se coꝛps dung chien la queue grosse a merueilles et longue sãs com paraison Et quant la Bache Bit quelle auoit Beste Bne si treshoꝛ rible et espouentable Beste elle fut toute espouentee/e incõtinant el le sen cuida fuyꝛ mais quãt le ser pent cõgneut ꝗ la Bache sen Bou loit fuyꝛ ð sa merueilleuse queue il luy enlassa les deup iambes de derriere et du museau cõmẽca a tetter e defait tetta tãt ꝗ il trou tta de laict es tettines Et puis a pꝛes quant sa Bache se peut def faite de luy elle senfuit et inconti

nẽt aꝑs toutes ses tettines e tout ce que leð serpent auoit touche de uit tout noir Bne espace de temps Et incontinent apꝛes lað Bache Beesta Bng tresbeau Beau e fut annonce a poꝛe de floꝛence luy es tant a ferrare Apꝛes Bng biẽ peu de temps il fut trouue Bng mon stre de la foꝛme qui sẽsuyt Et pꝛe mierement il auoit depuis le nõ bꝛil en hault foꝛme dhomme e dẽ bas auoit foꝛme de poissõ e estoit lumelle cestassauoit double/secõ dement auoit Bne grande barbe. Tiercemẽt il auoit deup grãdes coꝛnes ꝑ dessꝰ les oꝛeilles/ Quat tement auoit grandes mãmelles Quintement il auoit la bouche grande a merueilles/et les deup mains iusques aup entrailles et plꝰ/septemẽt auoit a toꝰ les deup

couldes auoit elles de mailles de
poisson Or aduint que plusieurs
femmes lauoiẽt leur buce au port
de la riuiere a icelle beste vit vers
elles nageant et en print vne par
la main et la cuida trainer en la
riuiere mais elle cõmença a crier
quon luy aydast / adonc vindrent
cinq femmes qui la luy osterent
et loccirent a force de pierres / car
il estoit venu trop auant sur le ri
uage a ne pouoit pas entrer en la
riuiere / et quãt il voulut mourir
il fist vng petit cry. Veu ql estoit
tãt difforme / car il estoit de corpz
lance plus gros qung hõme. Po
ge de florence nous racompte que
luy mesmes estãt a ferrare vit ce
luy monstre a dit encor que les pe
tis enfans auoient acoustume de
eulx baigner a iceluy port / mais

ilz ne reuenoient pas tous dõt les
femmes ne vouloient plus aller
lauer leurs bures de peur quelles
auoient de celuy monstre a disoiẽt
les gens quil auoit occis les en
fans qui estoient noyez. Et vng
peu de temps apres es parties by
talie aduint qune femme enfantã
vng enfant de forme humaine a
merueilles difforme / car premie
tement il auoit deuɣ testes les vi
saiges regardant lung lautre / et
les bras quasi ẽbrassans le corps
lung de lautre Secondement les
corps p dessus la forcelle estoient
separez tant que ses mẽbres de ge
neratiõ se monstroient tout ma
gnifestemẽt a aussi les iambes a
les piedz se monstroiẽt diuisees/et
de tout cecy vindrent les nouuel
les a nostre sainct pere le pape

¶ La .vi. fable est du cure et de son chien

Rẽent
il faict
tout iuf
qz a rededier vn
lieu prophane cõ
me il apt par ce
ste fable dũg cu
re a iadis estoit
riche a puissant
leql auoit vng
chien ql aymoit
fort aduint q̃ sõ
chien mourut / e
quãt il fut mort
le pstre lenterra
au cimettiere dõt

son euesque en fut aduerty . Et a/
donc il pensa quil auoit beaucop
darget de ce preftre ou quil feroit
bien pugny/ɛ incontinent refcrip
uit au preftre tãt feullement quil
Dinft par et a luy/et quant le pre/
ftre eut Deu les lettres il cõgneut
bien quil demandoit de largent.
Et adonc il print fon breuiaire et
rent efcus dedans fon arche et fen
alla parler a fon prelat / et adonc
quant il le Dit Denir il luy demã
da ou il auoit apris la conftume
de fepuelir les chiës au cymetière
des chreftiens/ɛ le preftre luy ref
pondit, Ha reuerend pere fe Dous

fcauiez la fouuetaie prudẽce dont
le chiẽ eftoit fi plai Dous nẽ fe
riez point efmerueille. Car il a
bien gaigne deftre enfepulely hõ
noꝛablement auec les hõmes/cõ
ment dift leuefque compte le moy
certes reuerend pere Dous deuez
fcauoit que quant il fut a larticle
de la moꝛt quil fift fon teftament
Et Dous laiffa cent efcus que fe
Dous apporte et les luy bailla/a
dõc leuefque pour lamoũt de lar
gent donna abfolution au preftre
et fe cõfentit a la fepulture du chi
ẽ. Et pouꝛce argent fait tout

C La. Vii. du regndꝛt dũ coq et des chiens.

T Dui le fa/
layre des
mocqueurs ceft
deftre foꝛuct mo
quez, Ainfi quil
appeꝛt par cefte
fable dung coq q
iadis Dit Denir
Dn regnart tout
affame ɛ pẽfa bi
en ql nẽ Denoyt
q pour fe mãger
ou ãlque geline,
pouꝛce il fift iuf
chertoutes fes ge
lies fuꝛ Dn arbꝛe
Et quant le regnart comméça a
apꝛocher il eꝛꞇa ou coq bõnes nou
uelles bonnes nouuelles et falua
le coq bien auentiqmẽt ɛ demã
da/compere que fais tu fi hault a

uec les gelines mõte/as tu poit
ouy les nouuelles qui tãt font fa
lutaires auffi pour nous , Et a
donc le coq refpondit certes mõ cõ
pere ie te pꝛie que tu nous le dyꝛẽꞇ

adonc il dist compere vous pouez
aller a venir anecques toutes bes
tes sans danger/mais vous fe
rds plaisir a seruice le coq lui dist
compere tu mapportes bonnes nou
uelles dont ie te remercie et puys
faulsa la teste regardant au loing
et le regnart luy demanda que re
gardes tu que tu estend si fort le
col Et il respondit ie voy courir
deux gros chiens qui ont la gueu
le toute ouuerte et ie cuyde que ilz

nous aportent les nouuilles que
tu nous asdictes, adonc le regnart
qui trembloit de peur de ces chiens
dist au coq a dieu compere il est bie
temps q ie men voyse auant que
ces chiens viennent. certes iay
grant paour qlz nayent pas ouy
confermez la paix. Et pourtant
quant ung trompeur est trompe
et ung mocqueur mocque cest le
fallaire quilz en doyuent auoir/
pource chascun sen doit garder

Cy finissent les fables

desope/auian/alphonce & aultres ioyeuses
de poge florentin Imprimees a Paris par la
vefue feu Jehan trepperel & Jehan iehan
not libraire iure en luniuersite de Paris de
mourat en la rue neukue nostre dame a lesei
gne de lescu de France

www.ingramcontent.com/pod-product-compliance
Lightning Source LLC
Chambersburg PA
CBHW072114090426
42739CB00012B/2973